BIBLIOTHÉQUE

PORTATIVE

DU VOYAGEUR.

IMPRIMERIE DE FAIN, PLACE DE L'ODÉON.

OEUVRES

DE REGNIER.

PARIS,

T. DESOER, LIBRAIRE, RUE CHRISTINE, Nº. 2.

LIÉGE,

J. F. DESOER, IMPRIMEUR-LIBRAIRE.

OEUVRES
DE REGNIER.

DISCOURS AU ROY.

SATYRE PREMIÈRE.

Puissant roy des François, astre vivant de Mars,
Dont le juste labeur, surmontant les hazards,
Fait voir par sa vertu que la grandeur de France
Ne pouvoit succomber souz une autre vaillance ;
Vray fils de la valeur de tes pères , qui sont
Ombragez des lauriers qui couronnent leur front,
Et qui , depuis mille ans, indomtables en guerre,
Furent transmis du ciel pour gouverner la terre :
Attendant qu'à ton rang ton courage t'eust mis,
En leur trosne eslevé dessus tes ennemis ;
Jamais autre que toy n'eust, avecque prudence,
Vaincu de ton suject l'ingrate outrecuidance,
Et ne l'eust, comme toy, du danger préservé :
Car estant ce miracle à toy seul réservé,
Comme au Dieu du pays , en ses desseins parjures,
Tu faits que tes bontez excedent ses injures.
Or après tant d'exploicts finis heureusement,
Laissant aux cœurs des tiens, comme un vif monument,
Avecque ta valeur ta clémence vivante,
Dedans l'éternité de la race suivante :

1

Puisse-tu, comme Auguste, admirable en tes faits,
Rouller tes jours heureux en une heureuse paix;
Ores que la justice icy bas descenduë,
Aux petits comme aux grands par tes mains est renduë;
Que, sans peur du larron, trafique le marchand;
Que l'innocent ne tombe aux aguets du meschant;
Et que de ta couronne, en palmes si fertile,
Le miel abondamment et la manne distile,
Comme des chesnes vieux aux jours du siécle d'or,
Qui renaissant sous toy reverdissent encor.

Aujourd'huy que ton fils, imitant ton courage,
Nous rend de sa valeur un si grand tesmoignage,
Que, jeune, de ses mains la rage il déconfit,
Estouffant les serpents ainsi qu'Hercule fit;
Et, domtant la discorde à la gueule sanglante,
D'impieté, d'horreur, encore frémissante,
Il luy trousse les bras de meurtres entachez,
De cent chaisnes d'acier sur le dos attachez;
Sous des monceaux de fer dans ses armes l'enterre,
Et ferme pour jamais le temple de la guerre;
Faisant voir clairement par ses faits triomphants,
Que les roys et les dieux ne sont jamais enfants.
Si bien que s'eslevant sous ta grandeur prospere,
Génereux heritier d'un si génereux pere,
Comblant les bons d'amour, et les méchans d'effroy,
Il se rend au berceau desia digne de toy.

Mais c'est mal contenter mon humeur frénétique,
Passer de la satyre en un panégyrique,
Où molement disert, souz un sujet si grand,
Dès le premier essay mon courage se rend.
Aussi plus grand qu'Ænée, et plus vaillant qu'Achille,
Tu surpasses l'esprit d'Homère et de Virgile,
Qui leurs vers à ton los ne peuvent esgaler,
Bien que maistres passez en l'art de bien parler.

Et quand j'esgallerois ma muse à ton merite,
Toute extrême loüange est pour toy trop petite :
Ne pouvant le finy joindre l'infinité ;
Et c'est aux mieux disants une témerité
De parler où le ciel discourt par tes oracles,
Et ne se taire pas où parlent tes miracles ;
Où tout le monde entier ne bruit que tes projects,
Où ta bonté discourt au bien de tes sujects,
Où nostre aise et la paix ta vaillance publie ;
Où le discord esteint, et la loy restablie,
Annoncent ta justice, où le vice abattu
Semble, en ses pleurs, chanter un hymne à ta vertu.
    Dans le temple de Delphe, où Phœbus on révere,
Phœbus, roy des chansons, et des muses le pere,
Au plus haut de l'autel se voit un laurier sainct,
Qui sa perruque blonde en guirlandes estraint,
Que nul prestre du temple en jeunesse ne touche,
Ny mesme prédisant ne le masche en la bouche :
Chose permise aux vieux, de sainct zele enflamez,
Qui se sont par service en ce lieu confirmez,
Devots à son mistere, et de qui la poictrine
Est pleine de l'ardeur de sa verve divine.
Par ainsi, tout esprit n'est propre à tout suject :
L'œil foible s'esbloüit en un luisant object.
De tout bois, comme on dit, Mercure on ne façonne,
Et toute medecine à tout mal n'est pas bonne.
De mesme le laurier et la palme des roys
N'est un arbre où chacun puisse mettre les doigts ;
Joint que ta vertu passe, en loüange feconde,
Tous les roys qui seront et qui furent au monde.
    Il se faut reconnoistre, il se faut essayer,
Se sonder, s'exercer, avant que s'employer ;
Comme fait un luiteur entrant dedans l'arène,
Qui se tordant les bras, tout en soy se démene

S'alonge, s'accoursit, ses muscles estendant,
Et, ferme sur ses pieds, s'exerce en attendant
Que son ennemy vienne, estimant que la gloire
Jà riante en son cœur luy don'ra la victoire.

Il faut faire de mesme, un œuvre entreprenant,
Juger comme au suject l'esprit est convenant;
Et quand on se sent ferme, et d'une aisle assez forte,
Laisser aller la plume où la verve l'emporte.

Mais, sire, c'est un vol bien eslevé pour ceux
Qui, foibles d'exercice et d'esprit paresseux,
Enorgueillis d'audace en leur barbe première,
Chantèrent ta valeur d'une façon grossiere:
Trahissant tes honneurs, avecq' la vanité
D'attenter par ta gloire à l'immortalité.
Pour moy plus retenu, la raison m'a faict craindre;
N'osant suivre un suject où l'on ne peut atteindre,
J'imite les Romains encore jeunes d'ans,
A qui l'on permettoit d'accuser impudans
Les plus vieux de l'estat, de reprendre et de dire
Ce qu'ils pensoient servir pour le bien de l'empire.
Et comme la jeunesse est vive et sans repos,
Sans peur, sans fiction, et libre en ses propos,
Il semble qu'on luy doit permettre davantage;
Aussi que les vertus fleurissent en cet âge,
Qu'on doit laisser meurir sans beaucoup de rigueur,
Afin que tout à l'aise elles prennent vigueur.

C'est ce qui m'a contraint de librement escrire,
Et, sans picquer au vif, me mettre à la satyre,
Où, poussé du caprice, ainsi que d'un grand vent,
Je vais haut dedans l'air quelque fois m'eslevant;
Et quelque fois aussi, quand la fougue me quite,
Du plus haut au plus bas mon vers se précipite,
Selon que du suject touché diversement,
Les vers à mon discours s'offrent facilement.

Aussi que la satyre est comme une prairie,
Qui n'est belle sinon en sa bisarrerie ;
Et comme un pot pourry des frères mandians,
Elle forme son goust de cent ingrediens.

   Or, grand roy, dont la gloire en la terre espenduë,
Dans un dessein si haut rend ma muse esperduë,
Ainsi que l'œil humain le soleil ne peut voir,
L'esclat de tes vertus offusque tout sçavoir ;
Si bien que je ne sçay qui me rend plus coulpable,
Ou de dire si peu d'un sujèct si capable,
Ou la honte que j'ay d'estre si mal apris,
Ou la témerité de l'avoir entrepris.
Mais quoy, par ta bonté, qui toute autre surpasse,
J'espère du pardon, avecque ceste grace
Que tu liras ces vers, où jeune je m'esbas
Pour esgayer ma force ; ainsi qu'en ces combas
De fleurets on s'exerce, et dans une barriere
Aux pages l'on reveille une adresse guerriere,
Follement courageuse, afin qu'en passe-temps
Un labeur vertueux anime leur printemps,
Que leur corps se desnouë, et se desangourdisse,
Pour estre plus adroits à te faire service.
Aussi je fais de mesme en ces caprices fous :
Je sonde ma portée et me taste le pous,
Afin que s'il advient, comme un jour je l'espere,
Que Parnasse m'adopte et se dise mon pere,
Emporté de ta gloire et de tes faits guerriers,
Je plante mon lierre au pied de tes lauriers.

A M. LE COMTE DE CARAMAIN.

SATYRE II.

Comte, de qui l'esprit pénètre l'univers,
Soigneux de ma fortune et facile à mes vers ;

Cher soucy de la muse, et sa gloire future,
Dont l'aimable génie et la douce nature
Fait voir, inaccessible aux efforts médisans,
Que vertu n'est pas morte en tous les courtisans :
Bien que foible et débile, et que mal reconnuë,
Son habit décousu la montre à demy nuë ;
Qu'elle ait seche la chair, le corps amenuisé,
Et serve à contre-cœur le vice auctorisé,
Le vice qui pompeux tout mérite repousse,
Et va, comme un banquier, en carrosse et en housse.
 Mais c'est trop sermonné de vice et de vertu.
Il faut suivre un sentier qui soit moins rebatu ;
Et, conduit d'Apollon, recognoistre la trace
Du libre Juvenal : trop discret est Horace,
Pour un homme picqué ; joint que la passion,
Comme sans jugement, est sans discretion.
Cependant il vaut mieux sucrer nostre moutarde :
L'homme, pour un caprice, est sot qui se hazarde.
 Ignorez donc l'autheur de ces vers incertains,
Et, comme enfans trouvez, qu'ils soient fils de putains,
Exposez en la ruë, à qui mesme la mere,
Pour ne se découvrir, fait plus mauvaise chere.
 Ce n'est pas que je croye, en ces temps effrontez,
Que mes vers soient sans pere et ne soient adoptez ;
Et que ces rimasseurs, pour feindre une abondance,
N'approuvent impuissans une fausse semence :
Comme nos citoyens de race désireux,
Qui bercent les enfans qui ne sont pas à eux.
Ainsi, tirant profit d'une fausse doctrine,
S'ils en sont accusez, ils feront bonne mine,
Et voudront, le niant, qu'on lise sur leur front,
S'il se fait un bon vers, que c'est eux qui le font.
Jaloux d'un sot honneur, d'une bastarde gloire,
Comme gens entendus s'en veulent faire accroire :

A faux titre insolens, et, sans fruict hazardeux,
Pissent au benestier, afin qu'on parle d'eux.
Or avecq' tout cecy, le point qui me console,
C'est que la pauvreté comme moy les affole;
Et que, la grace à Dieu, Phœbus et son troupeau,
Nous n'eusmes sur le dos jamais un bon manteau.
Aussi lors que l'on voit un homme par la ruë,
Dont le rabat est sale et la chausse rompuë,
Ses gregues aux genoux, au coude son pourpoint,
Qui soit de pauvre mine, et qui soit mal en point,
Sans demander son nom on le peut reconnoistre;
Car si ce n'est un poëte, au moins il le veut estre.
Pour moy, si mon habit, par tout cicatrisé,
Ne me rendoit du peuple et des grands mesprisé,
Je prendrois patience, et parmy la misere
Je trouverois du goust; mais ce qui doit desplaire
A l'homme de courage et d'esprit relevé,
C'est qu'un chacun le fuit ainsi qu'un réprouvé.
Car, en quelque façon, les malheurs sont propices.
Puis les gueux en gueusant trouvent maintes délices,
Un repos qui s'esgaye en quelque oysiveté.
Mais je ne puis patir de me voir rejetté.
    C'est donc pourquoy, si jeune abandonnant la France,
J'allay, vif de courage et tout chaud d'esperance,
En la cour d'un prélat qu'avec mille dangers
J'ay suivy, courtisan, aux païs estrangers.
J'ay changé mon humeur, alteré ma nature;
J'ay beu chaud, mangé froid, j'ay couché sur la dure;
Je l'ay, sans le quitter, à toute heure suivy;
Donnant ma liberté je me suis asservy,
En public, à l'église, à la chambre, à la table,
Et pense avoir esté maintefois agréable.
    Mais, instruict par le temps, à la fin j'ay connu
Que la fidelité n'est pas grand revenu;

Et qu'à mon temps perdu, sans nulle autre esperance,
L'honneur d'estre sujet tient lieu de récompense :
N'ayant autre interest de dix ans ja passez,
Sinon que sans regret je les ay despensez.
Puis je sçay, quant à luy, qu'il a l'ame royalle,
Et qu'il est de nature et d'humeur liberalle.
Mais, ma foy, tout son bien enrichir ne me peut,
Ny domter mon malheur, si le ciel ne le veut.
C'est pourquoy, sans me plaindre en ma desconvenuë,
Le malheur qui me suit ma foy ne diminuë ;
Et rebuté du sort, je m'asservy pourtant,
Et sans estre avancé je demeure contant :
Sçachant bien que fortune est ainsi qu'une louve,
Qui sans choix s'abandonne au plus laid qu'elle trouve ;
Qui releve un pédant de nouveau baptisé,
Et qui par ses larcins se rend authorisé ;
Qui le vice annoblit, et qui, tout au contraire,
Ravalant la vertu, la confine en misere.
Et puis je m'iray plaindre apres ces gens icy ?
Non, l'exemple du temps n'augmente mon soucy,
Et bien qu'elle ne m'ait sa faveur départie,
Je n'entend, quand à moy, de la prendre à partie,
Puis que, selon mon goust, son infidelité
Ne donne et n'oste rien à la félicité.
Mais que veux-tu qu'on face en ceste humeur austere ?
Il m'est, comme aux putains, mal-aisé de me taire ;
Il m'en faut discourir de tort et de travers.
Puis souvent la colere engendre de bons vers.
    Mais, comte, que sçait-on ? elle est peut-être sage,
Voire, avecque raison inconstante et volage ;
Et déesse avisée aux biens qu'elle départ,
Les adjuge au mérite, et non point au hazard.
Puis l'on voit de son œil, l'on juge de sa teste,
Et chacun en son dire a droict en sa requeste :

Car l'amour de soy-mesme et nostre affection
Adjouste avec usure à la perfection.
Tousiours le fond du sac ne vient en évidence,
Et bien souvent l'effet contredit l'apparence.
De Socrate à ce point l'oracle est my-party ;
Et ne sçait-on au vray qui des deux a menty ;
Et si philosophant le jeune Alcibiade,
Comme son chevalier, en receut l'accolade.
  Il n'est à décider rien de si mal aisé,
Que sous un sainct habit le vice desguisé.
Par ainsi j'ay donc tort, et ne doy pas me plaindre,
Ne pouvant par merite autrement la contraindre
A me faire du bien, ny de me départir
Autre chose à la fin, sinon qu'un repentir.
  Mais quoy, qu'y feroit on, puis qu'on ne s'ose pendre ?
Encor faut-il avoir quelque chose où se prendre,
Qui flatte, en discourant, le mal que nous sentons.
  Or laissant tout cecy, retourne à nos moutons,
Muse, et sans varier dy nous quelques sornettes
De tes enfans bastards, ces tiercelets de poëtes,
Qui par les carrefours vont leurs vers grimassans,
Qui par leurs actions font rire les passans,
Et quand la faim les poind, se prenant sur le vostre,
Comme les estourneaux ils s'affament l'un l'autre.
  Cependant sans souliers, ceinture, ny cordon,
L'œil farouche et troublé, l'esprit à l'abandon,
Vous viennent accoster comme personnes yvres,
Et disent pour bon-jour : Monsieur, je fais des livres ;
On les vend au Palais, et les doctes du temps
A les lire amusez, n'ont autre passe-temps.
De là, sans vous laisser, importuns ils vous suivent,
Vous alourdent de vers, d'alegresse vous privent,
Vous parlent de fortune, et qu'il faut acquerir
Du crédit, de l'honneur, avant que de mourir ;

Au prix de la vertu n'estiment point les hommes ;
Que Ronsard, du Bellay, vivants ont eu du bien,
Et que c'est honte au roy de ne leur donner rien.
Puis, sans qu'on les convie, ainsi que vénerables,
S'assient en prélats les premiers à vos tables,
Où le caquet leur manque, et des dents discourant,
Semblent avoir des yeux regret au demeurant.
    Or la table levée, ils curent la mâchoire.
Apres grâces Dieu beut, il demandent à boire ;
Vous font un sot discours, puis au partir de là,
Vous disent : Mais, monsieur, me donnez-vous cela ?
C'est tousjours le refrein qu'ils font à leur balade.
Pour moy je n'en voy point que je n'en sois malade :
J'en perds le sentiment, du corps tout mutilé,
Et durant quelques jours j'en demeure opilé.
    Un autre, renfrogné, resveur, mélancolique,
Grimassant son discours, semble avoir la colique,
Suant, crachant, toussant, pensant venir au point,
Parle si finement que l'on ne l'entend point.
    Un autre, ambitieux, pour les vers qu'il compose,
Quelque bon bénefice en l'esprit se propose,
Et, dessus un cheval comme un singe attaché,
Méditant un sonnet, médite un évesché.
    Si quelqu'un, comme moy, leurs ouvrages n'estime,
Il est lourd, ignorant, il n'ayme point la rime ;
Difficile, hargneux, de leur vertu jaloux,
Contraire en jugement au commun bruit de tous ;
Que leur gloire il desrobe, avec ses artifices.
Les dames cependant se fondent en délices,
Lisant leurs beaux escrits, et de jour et de nuict
Les ont au cabinet souz le chevet du lict :
Que portez à l'église, ils vallent des matines :
Tant, selon leurs discours, leurs œuvres sont divines.
    Encore apres cela, ils sont enfans des cieux,

Ils font journellement carrousse avecq' les dieux :
Compagnons de Minerve, et confis en science,
Un chacun d'eux pense estre une lumiere en France.

Ronsard, fay-m'en raison ; et vous autres esprits,
Que pour estre vivants en mes vers je n'escrits,
Pouvez-vous endurer que ces rauques cygalles
Esgallent leurs chansons à vos œuvres royalles,
Ayant vostre beau nom laschement démenty ?
Ha ! c'est que nostre siècle est en tout perverty.
Mais pourtant quel esprit, entre tant d'insolence,
Sçait trier le sçavoir d'avecques l'ignorance,
Le naturel de l'art, et d'un œil avisé
Voit qui de Calliope est plus favorisé ?

Juste postérité, à tesmoin je t'appelle,
Toy qui, sans passion, maintiens l'œuvre immortelle,
Et qui, selon l'esprit, la grace, et le sçavoir,
De race en race au peuple un ouvrage fais voir :
Venge ceste querelle, et justement sépare
Du cigne d'Apollon la corneille barbare,
Qui, croassant par tout d'un orgueil effronté,
Ne couche de rien moins que l'immortalité.

Mais, comte, que sert-il d'en entrer en colere ?
Puis que le temps le veut, nous n'y pouvons rien faire.
Il faut rire de tout : aussi bien ne peut-on
Changer chose en Virgile, ou bien l'autre en Platon.

Quel plaisir penses-tu que dans l'ame je sente,
Quand l'un de ceste trouppe, en audace insolente,
Vient à Vanves à pied pour grimper au coupeau
Du Parnasse françois et boire de son eau ;
Que, froidement receu, on l'escoute à grand peine ;
Que la muse en groignant luy deffend sa fontaine,
Et, se bouchant l'oreille au récit de ses vers,
Tourne les yeux à gauche et les lit de travers ;
Et, pour fruit de sa peine aux grands vens dispersée,

Tous ses papiers servir à la chaise percée ?

   Mais comme eux je suis poëte, et sans discrétion
Je deviens importun avec présomption.
Il faut que la raison retienne le caprice,
Et que mon vers ne soit qu'ainsi qu'un exercice
Qui par le jugement doit estre limité,
Selon que le requiert ou l'âge ou la santé.

   Je ne sçay quel démon m'a fait devenir poëte :
Je n'ay, comme ce Grec, des dieux grand interprete,
Dormy sur Helicon, où ces doctes mignons
Naissent en une nuict, comme les champignons.
Si ce n'est que ces jours, allant à l'adventure,
Resvant comme un oyson allant à la pasture,
A Vanves j'arrivay, où, suivant maint discours,
On me fit au jardin faire cinq ou six tours ;
Et comme un conclaviste entre dans le conclave,
Le sommelier me prit et m'enferme en la cave,
Où beuvant et mangeant, je fis mon coup d'essay,
Et où, si je sçay rien, j'apris ce que je sçay.

   Voyla ce qui m'a fait et poëte et satyrique,
Reglant la mesdisance à la façon antique.
Mais à ce que je voy, simpatisant d'humeur,
J'ay peur que tout à fait je deviendray rimeur.
J'entre sur ma loüange, et, bouffy d'arrogance,
Si je n'en ay l'esprit, j'en auray l'insolence.
Mais retournons à nous, et sage devenus,
Soyons à leurs despens un peu plus retenus.

   Or, comte, pour finir, ly doneq' ceste satyre,
Et voy ceux de ce temps que je pince sans rire ;
Pendant qu'à ce printemps retournant à la cour,
J'iray revoir mon maistre, et luy dire bon-jour.

A M. LE MARQUIS DE COEUVRES.

SATYRE III.

Marquis, que doy-je faire en ceste incertitude ?
Dois-je, las de courir, me remettre à l'estude,
Lire Homère, Aristote, et, disciple nouveau,
Glaner ce que les Grecs ont de riche et de beau ;
Reste de ces moissons que Ronsard et des Portes
Ont remporté du champ sur leurs espaules fortes,
Qu'ils ont comme leur propre en leur grange entassé,
Esgallant leurs honneurs aux honneurs du passé ?
Ou si, continuant à courtiser mon maistre,
Je me dois jusqu'au bout d'esperance repaistre,
Courtisan morfondu, frénetique et resveur,
Portrait de la disgrace et de la défaveur ;
Puis, sans avoir du bien, troublé de resverie,
Mourir dessus un coffre en une hostellerie,
En Toscane, en Savoye, ou dans quelque autre lieu,
Sans pouvoir faire paix ou tresve avecques Dieu ?
Sans parler je t'entends : il faut suivre l'orage ;
Aussi bien on ne peut où choisir avantage.
Nous vivons à tastons, et dans ce monde icy
Souvent avecq' travail on poursuit du soucy :
Car les dieux, courroussez contre la race humaine,
Ont mis avecq' les biens la sueur et la peine.
Le monde est un berlan où tout est confondu :
Tel pense avoir gagné qui souvent a perdu,
Ainsi qu'en une blanque où par hazard on tire,
Et qui voudroit choisir souvent prendroit le pire.
Tout despend du destin, qui, sans avoir esgard,
Les faveurs et les biens en ce monde départ :
    Mais puis qu'il est ainsi que le sort nous emporte,
Qui voudroit se bander contre une loy si forte ?

Suivons doncq' sa conduite en cet aveuglement.
Qui peche avecq' le ciel peche honorablement.
Car penser s'affranchir , c'est une resverie :
La liberté par songe en la terre est cherie.
Rien n'est libre en ce monde, et chaque homme dépend,
Comtes, princes, sultans, de quelque autre plus grand.
Tous les hommes vivants sont icy bas esclaves ;
Mais suivant ce qu'ils sont ils different d'entraves ;
Les uns les portent d'or , et les autres de fer :
Mais n'en desplaise aux vieux , ny leur philosopher ,
Ny tant de beaux escrits qu'on lit en leurs escoles ,
Pour s'affranchir l'esprit ne sont que des paroles.
    Au joug nous sommes nez , et n'a jamais esté
Homme qu'on ait veu vivre en plaine liberté.
    En vain me retirant enclos en une estude ,
Penseroy-je laisser le joug de servitude ;
Estant serf du desir d'aprendre et de sçavoir ,
Je ne ferois sinon que changer de devoir.
C'est l'arrest de nature , et personne en ce monde
Ne sçauroit controler sa sagesse profonde.
    Puis, que peut-il servir aux mortels icy bas,
Marquis , d'estre sçavant ou de ne l'estre pas ,
Si la science pauvre , affreuse et mesprisée
Sert au peuple de fable, aux plus grands de risée ;
Si les gens de latin des sots sont denigrez ,
Et si l'on n'est docteur sans prendre ses degrez ?
Pourveu qu'on soit morgant, qu'on bride sa moustache,
Qu'on frise ses cheveux, qu'on porte un grand panache,
Qu'on parle barragoüyn , et qu'on suive le vent ,
En ce temps du jourd'huy l'on n'est que trop sçavant.
    Du siècle les mignons, fils de la poulle blanche,
Ils tiennent à leur gré la fortune en la manche ;
En credit eslevez ils disposent de tout,
Et n'entreprenuent rien qu'ils n'en viennent à bout.

Mais quoy, me diras-tu, il t'en faut autant faire :
Qui ose a peu souvent la fortune contraire.
Importune le Louvre et de jour et de nuict,
Perds pour t'assujettir et la table et le lict ;
Sois entrant, effronté, et sans cesse importune :
En ce temps l'impudence esleve la fortune.

Il est vray, mais pourtant je ne suis point d'avis
De desgager mes jours pour les rendre asservis,
Et souz un nouvel astre aller, nouveau pilotte,
Conduire en autre mer mon navire qui flotte,
Entre l'espoir du bien et la peur du danger
De froisser mon attente en ce bord estranger.

Car, pour dire le vray, c'est un pays estrange
Où, comme un vray Prothée, à toute heure on se change,
Où les loix, par respect sages humainement,
Confondent le loyer avecq' le chastiment ;
Et pour un mesme fait, de mesme intelligence,
L'un est justicié, l'autre aura recompence.

Car selon l'interest, le crédit ou l'appuy,
Le crime se condamne et s'absout aujourd'huy.
Je le dy sans confondre en ces aigres remarques
La clemence du roy, le miroir des monarques,
Qui, plus grand de vertu, de cœur et de renom
S'est acquis de clement et la gloire et le nom.

Or, quant à ton conseil qu'à la cour je m'engage,
Je n'en ay pas l'esprit, non plus que le courage.
Il faut trop de sçavoir et de civilité,
Et, si j'ose en parler, trop de subtilité.
Ce n'est pas mon humeur ; je suis mélancolique,
Je ne suis point entrant, ma façon est rustique ;
Et le surnom de bon me va-t-on reprochant,
D'autant que je n'ay pas l'esprit d'estre meschant.

Et puis, je ne sçaurois me forcer ny me feindre ;
Trop libre en volonté je ne me puis contraindre :

Je ne sçaurois flatter, et ne sçay point comment
Il faut se taire accort, ou parler faussement,
Benir les favoris de geste et de parrolles,
Parler de leurs ayeux au jour de Cerizolles,
Des hauts faits de leur race, et comme ils ont aquis
Ce titre avecq' honneur de ducs et de marquis.
    Je n'ay point tant d'esprit pour tant de menterie ;
Je ne puis m'adonner à la cageollerie ;
Selon les accidents, les humeurs, ou les jours,
Changer comme d'habits tous les mois de discours.
Suivant mon naturel je hay tout artifice,
Je ne puis déguiser la vertu ny le vice,
Offrir tout de la bouche, et, d'un propos menteur,
Dire : Pardieu, monsieur, je vous suis serviteur ;
Pour cent bonadiez s'arrester en la ruë,
Faire sus l'un des pieds en la sale la gruë,
Entendre un marjollet qui dit avecq' mespris :
Ainsi qu'asnes, ces gens sont tous vestus de gris,
Ces autres verdelets aux perroquets ressemblent,
Et ceux cy mal peignez devant les dames tremblent :
Puis au partir de là, comme tourne le vent,
Avecques un bonjour amis comme devant.
    Je n'entends point le cours du ciel, ny des planetes,
Je ne sçay deviner les affaires secretes,
Connoistre un bon visage, et juger si le cœur
Contraire à ce qu'on voit, ne seroit point mocqueur.
De porter un poullet je n'ay la suffisance,
Je ne suis point adroit, je n'ay point d'éloquence
Pour colorer un fait, ou destourner la foy,
Prouver qu'un grand amour n'est suject à la loy,
Suborner par discours une femme coquette,
Luy conter des chansons de Jeanne, et de Paquette ;
Desbaucher une fille, et par vives raisons
Luy monstrer comme amour fait les bonnes maisons,

Les maintient, les esleve, et propice aux plus belles
En honneur les avance, et les fait damoyselles ;
Que c'est pour leur beaux nez que se font les ballets ;
Qu'elles sont le subject des vers, et des poullets ;
Que leur nom retentit dans les airs que l'on chante :
Qu'elles ont à leur suite une trouppe béante
De langoureux transis ; et pour le faire court,
Dire qu'il n'est rien tel qu'aymer les gens de court :
Allegant maint exemple en ce siécle où nous sommes,
Qu'il n'est rien si facile à prendre que les hommes ;
Et qu'on ne s'enquiert plus s'elle a fait le pourquoy,
Pourveu qu'elle soit riche, et qu'elle ait bien dequoy.
Quand elle auroit suivy le camp à la Rochelle,
S'elle a force ducats elle est toute pucelle.
L'honneur estropié, languissant, et perclus,
N'est plus rien qu'un idole en qui l'on ne croit plus.
   Or pour dire cecy il faut force mistère ;
Et de mal discourir il vaut bien mieux se taire.
Il est vray que ceux-là qui n'ont pas tant d'esprit,
Peuvent mettre en papier leur dire par escrit ;
Et rendre, par leurs vers, leur muse maquerelle ;
Mais, pour dire le vray, je n'en ay la cervelle.
   Il faut estre trop prompt, escrire à tous propos,
Perdre pour un sonnet, et sommeil, et repos.
Puis ma muse est trop chaste, et j'ay trop de courage,
Et ne puis pour autruy façonner un ouvrage.
Pour moy j'ay de la court autant comme il m'en faut :
Le vol de mon dessein ne s'estend point si haut :
De peu je suis content, encore que mon maistre
S'il luy plaisoit un jour mon travail reconnoistre
Peut autant qu'autre prince, et a trop de moyen
D'eslever ma fortune et me faire du bien.
Ainsi que sa nature, à la vertu facile,
Promet que mon labeur ne doit estre inutile,

2.

Et qu'il doit quelque jour , mal-gré le sort cuisant ,
Mon service honorer d'un honneste presant ,
Honneste , et convenable à ma basse fortune ,
Qui n'abaye , et n'aspire , ainsi que la commune ,
Après l'or du Perou ; ny ne tend aux honneurs
Que Rome departit aux vertus des seigneurs.
Que me sert de m'asseoir le premier à la table ,
Si la faim d'en avoir me rend insatiable ?
Et si le faix leger d'une double evesché
Me rendant moins contant me rend plus empesché ?
Si la gloire et la charge à la peine adonnée
Rend souz l'ambition mon ame infortunée ?
Et quand la servitude a pris l'homme au colet ,
J'estime que le prince est moins que son valet.
C'est pourquoy je ne tends à fortune si grande :
Loin de l'ambition , la raison me commande ;
Et ne prétends avoir autre chose sinon
Qu'un simple bénéfice ; et quelque peu de nom :
Afin de pouvoir vivre avec quelque asseurance ,
Et de m'oster mon bien que l'on ait conscience.
    Alors vrayment heureux , les livres feüilletant ,
Je rendrois mon desir , et mon esprit contant.
Car sans le revenu l'estude nous abuse ,
Et le corps ne se paist aux banquets de la muse.
Ses mets sont de sçavoir discourir par raison ,
Comme l'ame se meut un temps en sa prison ;
Et comme delivrée elle monte divine
Au ciel , lieu de son estre , et de son origine ;
Comme le ciel mobile , esternel en son cours ,
Fait les siécles , les ans , et les mois , et les jours ;
Comme aux quatre élements , les matieres encloses ,
Donnent , comme la mort , la vie à toutes choses.
Comme premiérement les hommes dispersez ,
Furent par l'armonie en troupes amassez ,

Et comme la malice en leur ame glissée,
Troubla de nos ayeux l'innocente pensée;
D'où nasquirent les loix, les bourgs, et les citez,
Pour servir de gourmette à leurs meschancetez;
Comme ils furent en fin réduits sous un empire,
Et beaucoup d'autres plats qui seroient longs à dire.
Et quand on en sçauroit ce que Platon en sçait,
Marquis, tu n'en serois plus gras, ny plus refait.
Car c'est une viande en esprit consommée,
Légere à l'estomach, ainsi que la fumée.
　Sçais tu, pour sçavoir bien, ce qu'il nous faut sçavoir ?
C'est s'affiner le goust de cognoistre et de voir,
Apprendre dans le monde, et lire dans la vie,
D'autres secrets plus fins que de philosophie;
Et qu'avecq' la science il faut un bon esprit.
Or entends à ce point ce qu'un Grec en escrit :
Jadis un loup, dit-il, que la faim espoinçonne,
Sortant hors de son fort rencontre une lionne,
Rugissante à l'abort, et qui monstroit aux dents
L'insatiable faim qu'elle avoit au dedans.
Furieuse elle approche, et le loup qui l'advise,
D'un langage flateur luy parle et la courtise :
Car ce fut de tout temps que, ployant sous l'effort,
Le petit cede au grand, et le foible au plus fort.
　Luy, di-je, qui craignoit que faute d'autre proye,
La beste l'attaquast, ses ruses il employe.
Mais en fin le hazard si bien le secourut,
Qu'un mulet gros et gras à leurs yeux apparut.
Ils cheminent dispos, croyant la table preste,
Et s'approchent tous deux assez près de la beste.
Le loup qui la cognoist, malin, et deffiant,
Luy regardant aux pieds, luy parloit en riant :
D'où es-tu ? qui es-tu ? quelle est ta nourriture,
Ta race, ta maison, ton maistre, ta nature ?

Le mulet estonné de ce nouveau discours,
De peur ingenieux, aux ruses eut recours ;
Et comme les Normans, sans luy respondre, voire :
Compere, ce dit-il, je n'ay point de mémoire.
Et comme sans esprit ma grand mere me vit,
Sans m'en dire autre chose, au pied me l'escrivit.
   Lors il leve la jambe au jarret ramassée ;
Et d'un œil innocent il couvroit sa pensée,
Se tenant suspendu sur les pieds en avant.
Le loup qui l'apperçoit, se leve de devant,
S'excusant de ne lire, avecqu' ceste parolle,
Que les loups de son temps n'alloient point à l'écolle.
Quand la chaude lionne, à qui l'ardente faim
Alloit précipitant la rage et le dessein,
S'approche, plus sçavante, en volonté de lire.
Le mulet prend le temps, et du grand coup qu'il tire,
Luy enfonce la teste, et d'une autre façon,
Qu'elle ne savoit point, luy aprit sa leçon.
   Alors le loup s'enfuit voyant la beste morte ;
Et de son ignorance ainsi se reconforte :
N'en desplaise aux docteurs, Cordeliers, Jacobins,
Pardieu, les plus grands clercs ne sont pas les plus fins.

A M. MOTIN.

SATYRE IV.

Motin, la muse est morte, ou la faveur pour elle.
En vain dessus Parnasse Apollon on appelle,
En vain par le veiller on acquiert du sçavoir,
Si fortune s'en mocque, et s'on ne peut avoir
Ny honneur, ny credit, non plus que si nos peines
Estoient fables du peuple inutiles et vaines.
Or va, romps toy la teste, et de jour et de nuict
Pallis dessus un livre, à l'appetit d'un bruict

Qui nous honore après que nous sommes souz terre ;
Et de te voir paré de trois brins de lierre :
Comme s'il importoit, estans ombres là bas,
Que nostre nom vescust ou qu'il ne vescust pas.
Honneur hors de saison, inutile mérite,
Qui vivants nous trahit, et qui morts ne profite,
Sans soin de l'avenir je te laisse le bien
Qui vient à contre-poil alors qu'on ne sent rien ;
Puis que vivant icy de nous on ne fait conte,
Et que nostre vertu engendre nostre honte.

    Doncq' par d'autres moyens à la cour familiers,
Par vice, ou par vertu, acquerons des lauriers ;
Puis qu'en ce monde icy on n'en fait différence,
Et que souvent par l'un, l'autre se récompense.
Aprenons à mentir, mais d'une autre façon
Que ne fait Calliope, ombrageant sa chanson
Du voile d'une fable, afin que son mystère
Ne soit ouvert à tous, ny cognu du vulgaire.

    Apprenons à mentir, nos propos desguiser,
A trahir nos amis, nos ennemis baiser,
Faire la cour aux grands, et dans leurs anti-chambres,
Le chapeau dans la main, nous tenir sur nos membres,
Sans oser ny cracher, ny toussir, ny s'asseoir,
Et nous couchant au jour, leur donner le bon-soir.
Car puis que la fortune aveuglément dispose
De tout, peut estre en fin aurons nous quelque chose
Qui pourra destourner l'ingratte adversité,
Par un bien incertain à tastons débité :
Comme ces courtisants qui s'en faisant accroire,
N'ont point d'autre vertu sinon de dire, voire.

    Or laissons doncq' la muse, Apollon, et ses vers,
Laissons le luth, la lyre, et ces outils divers,
Dont Apollon nous flatte : ingratte frénésie !
Puis que pauvre et quaymande on voit la poésie,

Où j'ay par tant de nuicts mon travail occupé.
Mais quoy ? je te pardonne, et si tu m'as trompé,
La honte en soit au siécle, où vivant d'âge en âge
Mon exemple rendra quelqu'autre esprit plus sage.

Mais pour moy, mon amy, je suis fort mal-payé,
D'avoir suivy cet art. Si j'eusse estudié,
Jeune laborieux sur un banc à l'escole,
Galien, Hipocrate, ou Jason, ou Bartole,
Une cornette au col debout dans un parquet,
A tort et à travers je vendrois mon caquet :
Ou bien tastant le poulx, le ventre et la poictrine,
J'aurois un beau teston pour juger d'une urine ;
Et me prenant au nez, loûcher dans un bassin,
Des ragousts qu'un malade offre à son medecin ;
En dire mon advis, former une ordonnance,
D'un réchape s'il peut, puis d'une réverence,
Contre-faire l'honneste, et quand viendroit au point,
Dire, en serrant la main, dame il n'en falloit point.

Il est vray que le ciel, qui me regarda naistre,
S'est de mon jugement tousjours rendu le maistre ;
Et bien que, jeune enfant, mon pere me tansast,
Et de verges souvent mes chansons menassast,
Me disant de despit, et bouffy de colere :
Badin, quitte ces vers, et que penses-tu faire ?
La muse est inutile ; et si ton oncle a sceu.
S'avancer par cet art, tu t'y verras deceu.

Un mesme astre tousjours n'esclaire en ceste terre :
Mars tout ardent de feu nous menasse de guerre,
Tout le monde fremit et ces grands mouvements
Couvent en leurs fureurs de piteux changements.

Pense-tu que le luth, et la lyre des poëtes
S'accorde d'harmonie avecques les trompettes,
Les fiffres, les tambours, le canon, et le fer,
Concert extravaguant des musiques d'enfer ?

Toute chose a son regne, et dans quelques années,
D'un autre œil nous verons les fieres destinées.
    Les plus grands de ton temps dans le sang aguerris,
Comme en Trace seront brutalement nourris,
Qui rudes n'aymeront la lyre de la muse,
Non plus qu'une viéle, ou qu'une cornemuse.
Laisse donc ce mestier, et sage prens le soin
De t'acquerir un art qui te serve au besoin.
    Je ne sçay, mon amy, par quelle prescience,
Il eut de nos destins si claire connoissance;
Mais, pour moy, je sçay bien que, sans en faire cas,
Je mesprisois son dire, et ne le croyois pas;
Bien que mon bon démon souvent me dist le mesme.
Mais quand la passion en nous est si extrême,
Les advertissements n'ont ny force ny lieu;
Et l'homme croit à peine aux parolles d'un Dieu.
    Ainsi me tançoit-il d'une parolle esmeuë.
Mais comme en se tournant je le perdoy de veuë,
Je perdy la mémoire avecques ses discours,
Et resveur m'esgaray tout seul par les destours
Des antres et des bois affreux et solitaires,
Où la muse, en dormant, m'enseignoit ses misteres,
M'apprenoit des secrets, et m'eschauffant le sein,
De gloire et de renom relevoit mon dessein.
Inutile science, ingrate, et mesprisée,
Qui sert de fable au peuple, et aux grands de risée!
    Encor' seroit-ce peu, si, sans estre avancé,
L'on avoit en cet art son âge despensé,
Après un vain honneur que le temps nous refuse;
Si moins qu'une putain l'on estimoit la muse,
Eusse-tu plus de feu, plus de soin, et plus d'art,
Que Jodelle n'eut oncq', des-Portes, ny Ronsard,
L'on te fera la mouë, et pour fruict de ta peine,
Ce n'est, ce dira t'on, qu'un poëte à la douzaine.

Car on n'a plus le goust comme on l'eut autrefois.
Apollon est gesné par de sauvages loix,
Qui retiennent souz l'art sa nature offusquée,
Et de mainte figure est sa beauté masquée.
Si pour sçavoir former quatre vers empoullez,
Faire tonner des mots mal joincts et mal collez,
Amy, l'on estoit poëte, on verroit (cas estranges !)
Les poëtes plus espois què mouches en vendanges.
    Or que dès ta jeunesse Appollon t'ait apris,
Que Calliope mesme ait tracé tes escris,
Que le neveu d'Atlas les ait mis sur la lyre,
Qu'en l'antre Thespéan on ait daigné les lire ;
Qu'ils tiennent du sçavoir de l'antique leçon, .
Et qu'ils soient imprimez des mains de Patisson ;
Si quelqu'un les regarde, et ne leur sert d'obstacle,
Estime, mon amy, que c'est un grand miracle.
    L'on a beau faire bien, et semer ses escris
De civette, bainjoin, de musc, et d'ambre gris :
Qu'ils soyent pleins, relevez, et graves à l'oreille,
Qu'ils facent sourciller les doctes de merveille ;
Ne pense, pour cela, estre estimé moins fol,
Et sans argent contant, qu'on te preste un licol ;
Ny qu'on n'estime plus (humeur extravagante !)
Un gros asne pourveu de mille escus de rente.
Ce mal-heur est venu de quelques jeunes veaux,
Qui mettent à l'encan l'honneur dans les bordeaux ;
Et ravalant Phœbus, les muses, et la grace,
Font un bouchon à vin du laurier de Parnasse ;
A qui le mal de teste est commun et fatal,
Et vont bizarrement en poste en l'hospital :
Disant, s'on n'est hargneux, et d'humeur difficile,
Que l'on est mesprisé de la troupe civile ;
Que pour estre bon poëte, il faut tenir des fous ;
Et desirent en eux ce qu'on mesprise en tous.

Et puis en leur chanson, sottement importune,
Ils accusent les grands, le ciel et la fortune,
Qui fustez de leurs vers en sont si rebattus,
Qu'ils ont tiré cet art du nombre des vertus ;
Tiennent à mal d'esprit leurs chansons indiscrettes,
Et les mettent au rang des plus vaines sornettes.

Encore quelques grands, afin de faire voir,
De Mœcene rivaux, qu'ils ayment le sçavoir,
Nous voyent de bon œil, et tenant une gaule,
Ainsi qu'à leurs chevaux, nous en flattent l'espaule :
Avecque bonne mine, et d'un langage doux,
Nous disent souriant : et bien que faictes vous?
Avez vous point sur vous quelque chanson nouvelle ?
J'en vy ces jours passez de vous une si belle,
Que c'est pour en mourir : ha ! ma foy, je voy bien,
Que vous ne m'aimez plus, vous ne me donnez rien.

Mais on lit à leurs yeux et dans leur contenance,
Que la bouche ne parle ainsi que l'âme pense ;
Et que c'est, mon amy, un grimoire et des mots,
Dont tous les courtisans endorment les plus sots.
Mais je ne m'aperçoy que, trenchant du preud'homme,
Mon temps en cent caquets sottement je consomme :
Que mal instruit je porte en Brouäge du sel,
Et mes coquilles vendre à ceux de Sainct Michel.

Doncques, sans mettre enchere aux sottises du monde,
Ny gloser les humeurs de dame Fredegonde,
Je diray librement, pour finir en deux mots,
Que la plus part des gens sont habillez en sots.

A M. BERTAUT, EVESQUE DE SÉES.

SATYRE V.

Bertaut, c'est un grand cas, quoy que l'on puisse faire,
Il n'est moyen qu'un homme à chacun puisse plaire ;

Et fust il plus parfait que la perfection ,
L'homme voit par les yeux de son affection.
Chasqu'un fait à son sens, dont sa raison s'escrime ,
Et tel blasme en autruy ce de quoy je l'estime.
Tout , suivant l'intellect , change d'ordre et de rang :
Les Mores aujourd'huy peignent le diable blanc.
Le sel est doux aux uns, le succre amer aux autres,
L'on reprend tes humeurs, ainsi qu'on fait les nostres.
Les critiques du temps m'appellent desbauché ;
Que je suis jour et nuict aux plaisirs attaché ,
Que j'y perds mon esprit , mon ame et ma jeunesse.
Les autres au rebours accusent ta sagesse ,
Et ce hautain desir qui te fait mespriser
Plaisirs , trésors , grandeurs , pour t'immortaliser ,
Et disent : ô chetifs , qui , mourant sur un livre ,
Pensez, seconds Phœnix, en vos cendres revivre ,
Que vous estes trompez en vostre propre erreur !
Car, et vous, et vos vers, vivez par procureur.
Un livret tout moysi vit pour vous , et encore ,
Comme la mort vous fait, la taigne le devore.
Ingrate vanité , dont l'homme se repaist ,
Qui bâille apres un bien qui sottement luy plaist !
   Ainsi les actions aux langues sont sujettes.
Mais ces divers rapports sont de foibles sagettes,
Qui blessent seulement ceux qui sont mal armez;
Non pas les bons esprits, à vaincre accoustumez ,
Qui sçavent, avisez, avecque difference,
Séparer le vray bien du fard de l'apparence.
C'est un mal bien estrange au cerveau des humains,
Qui, suivant ce qu'ils sont , malades ou plus sains,
Digerent leur viande , et, selon leur nature ,
Ils prennent ou mauvaise ou bonne nourriture.
   Ce qui plaist à l'œil sain, offense un chassieux ,
L'eau se jaunit en bile au corps du bilieux.

Le sang d'un hydropique en pituite se change;
Et l'estomach gasté pourrit tout ce qu'il mange.
De la douce liqueur rosoyante du ciel,
L'une en fait le venim, et l'autre en fait le miel.
Ainsi c'est la nature, et l'humeur des personnes,
Et non la qualité qui rend les choses bonnes.
  Charnellement se joindre avecq' sa parenté,
En France, c'est inceste; en Perse, charité.
Tellement qu'à tout prendre, en ce monde où nous sommes,
Et le bien, et le mal, despend du goust des hommes.
  Or, sans me tourmenter de divers appetits,
Quels ils sont aux plus grands, et quels aux plus petits,
Je te veux discourir comme je trouve estrange,
Le chemin d'où nous vient le blasme, et la loüange;
Et comme j'ay l'esprit de chimeres broüillé,
Voyant qu'un More noir m'appelle barboüillé;
Que les yeux de travers s'offencent que je lorgne,
Et que les quinze vingts disent que je suis borgne.
  C'est ce qui me desplaist, encor que j'aye appris,
En mon philosopher, d'avoir tout à mespris.
Penses-tu qu'à present un homme a bonne grace,
Qui dans le Four-l'Evesque entherine sa grace,
Ou l'autre qui poursuit des abolitions,
De vouloir jetter l'œil dessus mes actions?
Un traistre, un usurier, qui par misericorde,
Par argent, ou faveur, s'est sauvé de la corde!
Moy, qui dehors sans plus, ay veu le Chastelet,
Et que jamais sergent ne saisit au colet;
Qui vis selon les loix, et me contiens de sorte
Que je ne tremble point quand on heurte à ma porte;
Voyant un président le cœur ne me tressault,
Et la peur d'un prevost ne m'esveille en sursault:
Le bruit d'une recherche au logis ne m'arreste,
Et nul remord fascheux ne me trouble la teste;

Je repose la nuict sus l'un et l'autre flanc,
Et cependant, Bertaut, je suis dessus le ranc.
   Scaures du temps présent, hipocrites severes :
Un Claude effrontément parle des adulteres ;
Milon sanglant encor reprend un assassin ;
Grache, un séditieux ; et Verrés, le larcin.
   Or pour moy, tout le mal que leur discours m'objete,
C'est que mon humeur libre à l'amour est sujete ;
Que j'ayme mes plaisirs, et que les passe-temps
Des amours m'ont rendu grison avant le temps ;
Qu'il est bien mal-aisé que jamais je me change,
Et qu'à d'autres façons ma jeunesse se range.
   Mon oncle m'a conté, que monstrant à Ronsard
Tes vers estincelants et de lumiere et d'art,
Il ne sceut que reprendre en ton apprentissage,
Sinon qu'il te jugeoit pour un poëte trop sage.
   Et ores au contraire, on m'objecte à peché,
Les humeurs qu'en ta muse, il eust bien recherché.
Aussi je m'esmerveille, au feu que tu recelles,
Qu'un esprit si rassis ait des fougues si belles :
Car je tien, comme luy, que le chaud élément,
Qui donne ceste pointe au vif entendement,
Dont la verve s'eschauffe et s'enflame de sorte,
Que ce feu dans le ciel sur des aisles l'emporte ;
Soit le mesme qui rend le poëte ardent et chaud,
Suject à ses plaisirs, de courage si haut,
Qu'il mesprise le peuple, et les choses communes,
Et bravant les faveurs, se mocque des fortunes :
Qui le fait, desbauché, frenetique, resvant,
Porter la teste basse, et l'esprit dans le vent ;
Esgayer sa fureur parmy des précipices,
Et plus qu'à la raison suject à ses caprices.
   Faut il doncq' à present s'estonner si je suis
Enclin à des humeurs qu'esviter je ne puis ;

Où mon temperamment mal-gré moy me transporte,
Et rend la raison foible où la nature est forte ?
Mais que ce mal me dure, il est bien mal-aisé.
L'homme ne se plaist pas d'estre tousjours fraisé.
Chasque âge a ses façons, et change de nature,
De sept ans en sept ans, nostre temperature :
Selon que le soleil se loge en ses maisons,
Se tournent nos humeurs ainsi que nos saisons.
Toute chose en vivant avecq' l'âge s'altère.
Le desbauché se rid des sermons de son pere,
Et dans vingt et cinq ans venant à se changer,
Retenu, vigilant, soigneux, et mesnager,
De ces mesmes discours ses fils il admonneste,
Qui ne font que s'en rire et qu'en hocher la teste.
Chasque âge a ses humeurs, son goust, et ses plaisirs,
Et comme nostre poil blanchissent nos desirs.
    Nature ne peut pas l'âge en l'âge confondre :
L'enfant qui sçait desja demander et respondre,
Qui marque asseurément la terre de ses pas,
Avecques ses pareils se plaist en ses esbas :
Il fuit, il vient, il parle, il pleure, il saute d'aise,
Sans raison, d'heure en heure, il s'esmeut, et s'apaise.
    Croissant l'âge en avant, sans soin de gouverneur,
Relevé, courageux, et cupide d'honneur,
Il se plaist aux chevaux, aux chiens, à la campaigne ;
Facile au vice, il hait les vieux et les desdaigne :
Rude à qui le reprend, paresseux à son bien,
Prodigue, despensier, il ne conserve rien ;
Hautain, audacieux, conseiller de soy mesme,
Et d'un cœur obstiné se heurte à ce qu'il ayme.
    L'âge au soin se tournant, homme fait, il acquiert
Des biens, et des amis, si le temps le requiert ;
Il masque ses discours, comme sur un theatre ;
Subtil, ambitieux, l'honneur il idolatre :

                                        3,

Son esprit avisé previent le repentir,
Et se garde d'un lieu difficile à sortir.

Maints faschcux accidens surprennent sa vieillesse :
Soit qu'avecqu' du soucy gaignant de la richesse,
Il s'en deffend l'usage, et craint de s'en servir,
Que tant plus il en a, moins s'en peut assouvir ;
Ou soit qu'avecq' froideur il face toute chose,
Imbécile, douteux, qui voudroit, et qui n'ose,
Dilayant, qui tousjours a l'œil sur l'avenir,
De leger il n'espere, et croit au souvenir :
Il parle de son temps, difficile et severe,
Censurant la jeunesse use des droicts de pere,
Il corrige, il reprend, hargneux en ses façons,
Et veut que tous ses mots soient autant de leçons.

Voyla doncq', de par Dieu, comme tourne la vie,
Ainsi diversement aux humeurs asservie,
Que chasque âge départ à chasque homme en vivant,
De son temperamment la qualité suivant.
Et moy qui, jeune encor', en mes plaisirs m'esgaye,
Il faudra que je change, et malgré que j'en aye,
Plus soigneux devenu, plus froid, et plus rassis,
Que mes jeunes pensers cedent aux vieux soucis ;
Que j'en paye l'escot, remply jusqu'à la gorge,
Et que j'en rende un jour les armes à sainct George.

Mais de ces discoureurs il ne s'en trouve point,
Ou pour le moins bien peu, qui cognoissent ce point,
Effrontez, ignorans, n'ayans rien de solide,
Leur esprit prend l'essor où leur langue le guide ;
Sans voir le fond du sac ils prononcent l'arrest,
Et rangent leurs discours au point de l'interest.
Pour exemple parfaite ils n'ont que l'apparence :
Et c'est ce qui nous porte à ceste indifference,
Qu'ensemble l'on confond le vice et la vertu,
Et qu'on l'estime moins qu'on n'estime un festu.

Aussi qu'importe-il de mal ou de bien faire,
Si de nos actions un juge volontaire,
Selon ses appétits, les décide, et les rend
Dignes de récompense, ou d'un supplice grand ?
Si tousjours nos amis, en bon sens les expliquent,
Et si tout au rebours nos haineux nous en piquent ?
Chacun selon son goust s'obstine en son party,
Qui fait qu'il n'est plus rien qui ne soit perverty.
La vertu n'est vertu, l'envie la desguise,
Et de bouche, sans plus, le vulgaire la prise.
Au lieu du jugement, regnent les passions,
Et donne l'interest, le prix aux actions.
Ainsi ce vieux resveur, qui n'agueres à Rome
Gouvernoit un enfant et faisoit le preud'homme,
Contre-carroit Caton, critique en ses discours,
Qui tousjours rechignoit, et reprenoit tousjours :
Apres que cet enfant s'est fait plus grand par l'âge,
Revenant à la cour d'un si lointain voyage,
Ce critique, changeant d'humeurs et de cerveau,
De son pedant qu'il fut, devient son maquereau.
    O gentille vertu qu'aisément tu te changes !
Non, non, ces actions meritent des loüanges :
Car le voyant tout seul qu'on le prenne à serment,
Il dira qu'icy bas l'homme de jugement
Se doit accommoder au temps qui luy commande,
Et que c'est à la cour une vertu bien grande.
    Doncq' la mesme vertu le dressant au poulet,
De vertueux qu'il fut, le rend Dariolet.
Doncq' à si peu de frais, la vertu se profane,
Se desguise, se masque, et devient courtisane,
Se transforme aux humeurs, suit le cours du marché,
Et dispence les gens de blasme et de peché.
    Peres des siecles vieux, exemples de la vie,
Dignes d'estre admirez d'une honorable envie,

(Si quelque beau desir vivoit encor en nous)
Nous voyant de là-haut, peres, qu'en dites vous?
    Jadis de vostre temps la vertu simple et pure,
Sans fard, sans fiction, imitoit sa nature,
Austere en ses façons, severe en ses propos,
Qui dans un labeur juste esgayoit son repos,
D'hommes vous faisant dieux, vous paissoit d'ambrosie,
Et donnoit place au ciel à vostre fantaisie.
La lampe de son front par tout vous esclairoit,
Et de toutes frayeurs vos esprits asseuroit;
Et sans penser aux biens où le vulgaire pense,
Elle estoit vostre prix et vostre récompense :
Où la nostre aujourd'huy qu'on révere icy bas,
Va la nuict dans le bal, et danse les cinq pas,
Se parfume, se frise, et de façons nouvelles
Veut avoir par le fard du nom entre les belles;
Fait crever les courtaux en chassant aux forests :
Court le faquin, la bague, escrime des fleurets :
Monte un cheval de bois, fait dessus des pommades,
Talonne le genêt, et le dresse aux passades,
Chante des airs nouveaux, invente des balets,
Sçait escrire et porter les vers et les poulets;
A l'œil tousjours au guet pour des tours de souplesse,
Glose sur les habits et sur la gentillesse,
Se plaist à l'entretien, commente les bons mots,
Et met à mesme prix les sages et les sots.
    Et ce qui plus encor' m'empoisonne de rage,
Est quand un charlatan releve son langage,
Et de coquin, faisant le prince revestu,
Bastit un paranimphe à sa belle vertu;
Et qu'il n'est crocheteur, ny courtaut de boutique,
Qui n'estime à vertu l'art où sa main s'aplique;
Et qui paraphrasant sa gloire et son renom,
Entre les vertueux ne vueille avoir du nom.

Voila comme à present chacun l'adulterise,
Et forme une vertu comme il plaist à sa guise.
Elle est comme au marché dans les impressions :
Et s'adjugeant aux taux de nos affections,
Fait que par le caprice, et non par le merite,
Le blasme, et la loüange au hazard se debite ;
Et peut un jeune sot, suyvant ce qu'il conçoit,
Ou ce que par ses yeux son esprit en reçoit,
Donner son jugement, en dire ce qu'il pense,
Et mettre sans respect nostre honneur en balance.
Mais puis que c'est le temps, mesprisant les rumeurs
Du peuple, laissons là le monde en ces humeurs ;
Et si, selon son goust, un chacun en peut dire,
Mon goust sera, Bertaut, de n'en faire que rire.

A M. DE BETHUNE,
ESTANT AMBASSADEUR POUR SA MAJESTÉ, A ROME.

SATYRE VI.

Bethune, si la charge où ta vertu s'amuse,
Te permet escouter les chansons que la muse,
Dessus les bords du Tibre et du mont Palatin,
Me fait dire en françois au rivage latin,
Où, comme au grand Hercule à la poitrine large,
Nostre Atlas de son faix sur ton dos se descharge,
Te commet de l'estat l'entier gouvernement :
Escoute ce discours tissu bijarrement,
Où je ne prétends point escrire ton histoire.
Je ne veux que mes vers s'honorent en la gloire
De tes nobles ayeux, dont les faits relevez,
Dans les cœurs des Flamens sont encore gravez,
Qui tiennent à grand-heur de ce que tes ancestres,
En armes glorieux, furent jadis leurs maistres.
Ny moins, comme ton frère, aydé de ta vertu,

Par force et par conseil, en France a combatu
Ces avares oyseaux, dont les griffes gourmandes,
Du bon roy des François ravissoient les viandes :
Suject trop haut pour moy, qui doy sans m'esgarer,
Au champ de sa valeur, le voir, et l'admirer.

Aussi selon le corps on doit tailler la robe :
Je ne veux qu'à mes vers vostre honneur se desrobe,
Ny qu'en tissant le fil de vos faits plus qu'humains,
Dedans ce labirinthe il m'eschape des mains.
On doit selon la force entreprendre la peine,
Et se donner le ton suivant qu'on a d'haleine :
Non comme un fol, chanter de tort et de travers.
Laissant doncq' aux sçavans à vous peindre en leurs vers,
Haut eslevez en l'air sur une aisle dorée,
Dignes imitateurs des enfans de Borée :
Tandis qu'à mon pouvoir mes forces mesurant,
Sans prendre ny Phœbus, ny la muse à garant,
Je suivray le caprice en ces pais estranges ;
Et sans paraphraser tes faits et tes loüanges,
Ou me fantasier le cerveau de soucy,
Sur ce qu'on dit de France, ou ce qu'on voit icy ;
Je me deschargeray d'un faix que je desdaigne,
Suffisant de crever un genêt de Sardaigne,
Qui pourroit defaillant en sa morne vigueur,
Succomber sous le faix que j'ay dessus le cœur.

Or ce n'est point de voir en regne la sottise,
L'avarice et le luxe entre les gens d'église,
La justice à l'ancan, l'innocent oppressé ;
Le conseil corrompu, suivre l'interessé ;
Les estats pervertis, toute chose se vendre,
Et n'avoir du crédit qu'au prix qu'on peut despendre.

Ny moins, que la valeur n'ait icy plus de lieu,
Que la noblesse courre en poste à l'Hostel Dieu,
Que les jeunes oysifs aux plaisirs s'abandonnent,

Que les femmes du temps soient à qui plus leur donnent,
Que l'usure ait trouvé (bien que je n'ay dequoy,
Tant elle a bonnes dents) que mordre dessus moy.

  Tout cecy ne me peze, et l'esprit ne me trouble.
Que tout s'y pervertisse, il ne m'en chaut d'un double.
Du temps, ny de l'estat, il ne faut s'affliger.
Selon le vent qui fait, l'homme doit naviger.

  Mais ce dont je me deuls est bien une autre chose,
Qui fait que l'œil humain jamais ne se repose,
Qu'il s'abandonne en proye aux soucis plus cuisans.
Ha ! que ne suis-je roy pour cent ou six vingts ans !
Par un edict public qui fust irrevocable,
Je bannirois l'honneur, ce monstre abominable,
Qui nous trouble l'esprit, et nous charme si bien,
Que sans luy les humains icy ne voyent rien ;
Qui trahit la nature, et qui rend imparfaite
Toute chose qu'au goust les délices ont faite.

  Or je ne doute point que ces espris bossus,
Qui veulent qu'on les croye en droite ligne yssus
Des sept sages de Grece, à mes vers ne s'oposent,
Et que leurs jugemens dessus le mien ne glosent.
Comme de faire entendre à chacun que je suis
Aussi perclus d'esprit comme Pierre du Puis,
De vouloir sottement que mon discours se dore,
Aux despens d'un suject que tout le monde adore ;
Et que je suis de plus privé de jugement,
De t'offrir ce caprice ainsi si librement :
A toy qui, dès jeunesse, appris en son escole,
As adoré l'honneur, d'effet et de parole ;
Qui l'as pour un but sainct, en ton penser profond,
Et qui mourrois plustost que luy faire un faux bond.

  Je veux bien avoir tort en ceste seule chose.
Mais ton doux naturel fait que je me propose,
Librement te moustrer à nud mes passions,

Comme à cil qui pardonne aux imperfections.
  Qu'ils n'en parlent doncq' plus, et qu'estrange on ne
    trouve,
Si je hais plus l'honneur qu'un mouton une louve :
L'honneur, qui souz faux titre habite avecque nous,
Qui nous oste la vie, et les plaisirs plus doux,
Qui trahit nostre espoir, et fait que l'on se peine
Apres l'esclat fardé d'une apparence vaine :
Qui sevre les désirs, et passe meschamment
La plume par le bec à nostre sentiment ;
Qui nous veut faire entendre en ses vaines chimeres,
Que pour ce qu'il nous touche, il se perd, si nos meres,
Nos femmes, et nos sœurs, font leurs maris jaloux :
Comme si leurs desirs dépendissent de nous.
  Je pense quant à moy que cet homme fust yvre,
Qui changea le premier l'usage de son vivre,
Et rangeant souz des loix les hommes escartez,
Bastit premierement et villes et citez,
De tours et de fossez renforça ses murailles,
Et r'enferma dedans cent sortes de quenailles.
  De cest amas confus nasquirent à l'instant,
L'envie, le mespris, le discord inconstant,
La peur, la trahison, le meurtre, la vengeance,
L'horrible desespoir, et toute ceste engeance
De maux qu'on voit regner en l'enfer de la court,
Dont un pédant de diable en ses leçons discourt,
Quand par art il instruit ses escoliers, pour estre
(S'il se peut faire) en mal plus grands clercs que leur
    maistre.
  Ainsi la liberté du monde s'envola,
Et chacun se campant, qui deçà, qui delà,
De hayes, de buissons remarqua son partage,
Et la fraude fist lors la figue au premier âge.
Lors du mien, et du tien, nasquirent les procez,

A qui l'argent départ bon ou mauvais succez.
Le fort battit le foible, et luy livra la guerre.
De-là l'ambition fist envahir la terre,
Qui fut, avant le temps que surviendrent ces maux,
Un hospital commun à tous les animaux ;
Quand le mary de Rhée, au siecle d'innocence,
Gouvernoit doucement le monde en son enfance :
Que la terre de soy le froment rapportoit ;
Que le chesne de manne et de miel degouttoit :
Que tout vivoit en paix, qu'il n'estoit point d'usures :
Qu'en rien ne se vendoit, par poids ny par mesures :
Qu'on n'avoit point de peur qu'un procureur fiscal
Formast sur une éguille un long procés verbal ;
Et se jettant d'aguet dessus vostre personne,
Qu'un Barisel vous mist dedans la tour de Nonne.
   Mais si tost que le fils le pere déchassa,
Tout sens dessus dessous icy se renversa.
Les soucis, les ennuis, nous broüillerent la teste,
L'on ne pria les saincts qu'au fort de la tempeste,
L'on trompa son prochain, la mesdisance eut lieu,
Et l'hipocrite fist barbe de paille à Dieu.
L'homme trahit sa foy, d'où vindrent les notaires,
Pour attacher au joug les humeurs volontaires.
   La faim et la cherté se mirent sur le rang ;
La fiévre, les charbons, le maigre flux de sang,
Commencerent d'esclorre, et tout ce que l'autonne,
Par le vent de midy, nous apporte et nous donne.
Les soldats, puis après, ennemis de la paix,
Qui de l'avoir d'autruy ne se saoulent jamais,
Troublerent la campagne, et saccageant nos villes,
Par force en nos maisons violerent nos filles ;
D'où nasquit le bordeau qui s'eslevant debout,
A l'instant, comme un Dieu, s'estendit tout par tout,
Et rendit, Dieu mercy ces fiévres amoureuses,

4

Tant de galants pelez, et de femmes galeuses,
Que les perruques sont, et les drogues encor,
(Tant on en a besoin) aussi cheres que l'or.
  Encore tous ces maux ne seroient que fleurettes,
Sans ce maudit honneur, ce conteur de sornettes,
Ce fier serpent, qui couve un venim sous des fleurs,
Qui noye jour et nuict nos esprits en nos pleurs.
Car pour ces autres maux, c'estoient légeres peines,
Que Dieu donna selon les foiblesses humaines.
  Mais ce traistre cruel excedant tout pouvoir,
Nous fait suer le sang sous un pesant devoir;
De chimeres nous pipe, et nous veut faire accroire,
Qu'au travail seulement doit consister la gloire;
Qu'il faut perdre et sommeil, et repos, et repas,
Pour tascher d'acquerir un suject qui n'est pas,
Ou s'il est, qui jamais aux yeux ne se descouvre,
Et perdu pour un coup jamais ne se recouvre;
Qui nous gonfle le cœur de vapeur et de vent,
Et d'excez par luy-mesme il se perd bien souvent.
  Puis on adorera ceste menteuse idole!
Pour oracle on tiendra ceste croyance folle,
Qu'il n'est rien de si beau que tomber bataillant;
Qu'aux despens de son sang il faut estre vaillant,
Mourir d'un coup de lance, ou du choc d'une picque,
Comme les paladins de la saison antique;
Et respandant l'esprit, blessé par quelque endroit,
Que nostre ame s'envolle en paradis tout droit!
  Ha, que c'est chose belle, et fort bien ordonnée,
Dormir dedans un lict la grasse matinée,
En dame de Paris, s'habiller chaudement,
A la table s'asseoir, manger humainement,
Se reposer un peu, puis monter en carrosse,
Aller à Gentilly caresser une rosse,
Pour escroquer sa fille, et venant à l'effect,

Luy monstrer comme Jean à sa mere le faict.

    Ha Dieu, pourquoy faut il que mon esprit ne vaille
Autant que cil qui mist les souris en bataille,
Qui sceut à la grenoüille apprendre son caquet;
Ou que l'autre, qui fist en vers un sopiquet!
Je ferois esloigné de toute raillerie,
Un poëme grand et beau de la poltronerie,
En despit de l'honneur, et des femmes qui l'ont,
D'effect souz la chemise, ou d'apparence au front;
Et m'asseure pour moy qu'en ayant leu l'histoire,
Elles ne seroient plus si sottes que d'y croire.
    Mais quand je considere où l'ingrat nous réduit,
Comme il nous ensorcelle, et comme il nous séduit;
Qu'il assemble en festin au renard la cigoigne,
Et que son plus beau jeu ne gist rien qu'en sa troigne;
Celui le peut bien dire, à qui dès le berceau,
Ce malheureux honneur a tins le bec en l'eau;
Qui le traine à tastons, quelque part qu'il puisse estre :
Ainsi que fait un chien un aveugle son maistre,
Qui s'en va doucement apres luy pas à pas,
Et librement se fie à ce qu'il ne voit pas.
    S'il veut que plus long-temps à ses discours je croye,
Qu'il m'offre à tout le moins quelque chose qu'on voye,
Et qu'on savoure, afin qu'il se puisse sçavoir,
Si le goust desment point ce que l'œil en peut voir.
Autrement quant à moy je luy fay banqueroute.
Estant imperceptible, il est comme la goutte,
Et le mal qui caché nous oste l'embonpoint,
Qui nous tuë à veu' d'œil, et que l'on ne voit point.
On a beau se charger de telle marchandise :
A peine en auroit-on un catrin à Venise;
Encor qu'on voye apres courir certains cerveaux,
Comme apres les raisins courent les estourneaux.
    Que font tous ces vaillans de leur valeur guerriere,

Qui touchent du penser l'estoile poussiniere,
Morguent la destinée et gourmandent la mort,
Contre qui rien ne dure, et rien n'est assez fort ?
Et qui tout transparents de claire renommée,
Dressent cent fois le jour en discours une armée,
Donnent quelque bataille, et tuant un chacun,
Font que mourir et vivre à leur dire n'est qu'un :
Relevez, emplumez, braves comme sainct George ;
Et Dieu sçait cependant s'ils mentent par la gorge :
Et bien que de l'honneur ils facent des leçons,
Enfin au fond de sac ce ne sont que chansons.

    Mais, mon Dieu ! que ce traistre est d'une estrange sorte !
Tandis qu'à le blasmer la raison me transporte,
Que de luy je mesdis, il me flatte, et me dit,
Que je veux par ces vers acquerir son crédit ;
Que c'est ce que ma muse en travaillant pourchasse,
Et mon intention qu'estre en sa bonne grace ;
Qu'en mesdisant de luy je le veux requerir,
Et tout ce que je fay que c'est pour l'acquerir.

    Si ce n'est qu'on diroit qu'il me l'auroit fait faire,
Je l'irois appeler comme mon adversaire.
Aussi que le duel est icy deffendu ;
Et que d'une autre part j'ayme l'individu.

    Mais tandis qu'en colere à parler je m'arreste,
Je ne m'apperçoy pas que la viande est preste ;
Qu'icy, non plus qu'en France, on ne s'amuse pas
A discourir d'honneur quand on prend son repas.
Le sommelier en haste est sorty de la cave :
Desja monsieur le maistre et son monde se lave.
Tresves avecq' l'honneur. Je m'en vais tout courant,
Décider au Tinel un autre different.

A M. LE MARQUIS DE COEUVRES.

SATYRE VII.

Sotte et fascheuse humeur de la pluspart des hommes,
Qui, suivant ce qu'ils sont, jugent ce que nous sommes;
Et succrant d'un souris un discours ruineux,
Accusent un chacun des maux qui sont en eux!
   Nostre mélancolique en sçavoit bien que dire,
Qui nous pique en riant, et nous flate sans rire,   5
Qui porte un cœur de sang dessous un front blesmy,
Et duquel il vaut moins estre amy qu'ennemy.
   Vous qui, tout au contraire, avez dans le courage
Les mesmes mouvements qu'on vous lit au visage;
Et qui, parfait amy, vos amis espargnez,
Et de mauvais discours leur vertu n'esborgnez :
Dont le cœur grand, et ferme, au changement ne ploye,
Et qui fort librement en l'orage s'employe :
Ainsi qu'un bon patron, qui soigneux, sage et fort,
Sauve ses compagnons, et les conduit à bord.
   Cognoissant doncq' en vous une vertu facile,
A porter les deffauts d'un esprit imbécille,
Qui dit sans aucun fard ce qu'il sent librement,
Et dont jamais le cœur la bouche ne desment :
Comme à mon confessseur, vous ouvrant ma pensée,
De jeunesse et d'amour follement insensée,
Je vous conte le mal où trop enclin je suis,
Et que prest à laisser, je ne veux et ne puis :
Tant il est mal-aisé d'oster avecq' l'estude,
Ce qu'on a de nature, ou par longue habitude.
   Puis, la force me manque, et n'ay le jugement
De conduire ma barque en ce ravissement.
Au gouffre du plaisir la courante m'emporte :
Tout ainsi qu'un cheval, qui a la bouche forte,

J'obeis au caprice, et sans discrétion,
La raison ne peut rien dessus ma passion.
  Nulle loy ne retient mon ame abandonnée,
Ou soit par volonté, ou soit par destinée,
En un mal évident je clos l'œil à mon bien :
Ny conseil, ny raison, ne me servent de rien.
Je choppe par dessein, ma faute est volontaire.
Je me bande les yeux quand le soleil m'esclaire :
Et, content de mon mal, je me tiens trop heureux,
D'estre comme je suis, en tous lieux amoureux.
Et comme à bien aymer mille causes m'invitent,
Aussi mille beautez mes amours ne limitent ;
Et courant çà et là, je trouve tous les jours,
En des sujects nouveaux de nouvelles amours.
  Si de l'œil du desir une femme j'avise,
Ou soit belle, ou soit laide, ou sage, ou mal aprise,
Elle aura quelque trait qui de mes sens vainqueur,
Me passant par les yeux me blessera le cœur.
Et c'est comme un miracle, en ce monde où nous sommes,
Tant l'aveugle appetit ensorcelle les hommes,
Qu'encore qu'une femme aux amours face peur,
Que le ciel, et Venus, la voye à contrecœur :
Toutes fois, estant femme, elle aura ses délices,
Relevera sa grace avecq' des artifices,
Qui dans l'estat d'Amour la sçauront maintenir,
Et par quelques attraits les amants retenir.
  Si quelqu'une est difforme, elle aura bonne grace,
Et par l'art de l'esprit embellira sa face :
Captivant les amants, de mœurs, ou de discours,
Elle aura du crédit en l'empire d'Amours.
  En cela l'on cognoist que la nature est sage ;
Que voyant les deffaux du fœminin ouvrage,
Qu'il seroit, sans respect, des hommes mesprisé,
L'anima d'un esprit, et vif, et desguisé ;

D'une simple innocence elle adoucit sa face,
Elle luy mist au sein, la ruse, et la fallace;
Dans sa bouche, la foy qu'on donne à ses discours,
Dont ce sexe trahit les cieux, et les amours :
Et selon, plus ou moins, qu'elle estoit belle, ou laide,
Sage elle sceut si bien user d'un bon remede,
Divisant de l'esprit, la grace, et la beauté,
Qu'elle les sépara d'un et d'autre costé ;
De peur qu'en les joignant, quelqu'une eust l'avantage,
Avecq' un bel esprit d'avoir un beau visage.
  La belle du depuis ne le recherche point,
Et l'esprit rarement à la beauté se joint.
  Or afin que la laide, autrement inutile,
Dessous le joug d'amour rendist l'homme servile,
Elle ombragea l'esprit d'un morne aveuglement,
Avecques le désir, troublant le jugement :
De peur que nulle femme, ou fust laide, ou fust belle,
Ne vescust sans le faire, et ne mourust pucelle.
D'où vient que si souvent les hommes offusquez,
Sont de leurs appetits si lourdement mocquez,
Que d'une laide femme ils ont l'ame eschauffée,
Dressent à la laideur d'eux mesmes un trophée :
Pensant avoir trouvé la febve du gasteau,
Et qu'au serail du Turc il n'est rien de si beau.
  Mais comme les beautez, soit des corps, ou des ames,
Selon l'object des sens, sont diverses aux dames ;
Aussi diversement les hommes sont domtez,
Et font divers effets les diverses beautez.
(Estrange providence, et prudente méthode
De nature, qui sert un chacun à sa mode !)
  Or moy, qui suis tout flame et de nuict et de jour,
Qui n'haleine que feu, ne respire qu'amour,
Je me laisse emporter à mes flames communes,
Et cours souz divers vents de diverses fortunes.

Ravy de tous objects, j'ayme si vivement,
Que je n'ay pour l'amour ny choix, ny jugement.
De toute eslection mon ame est despourveuë,
Et nul object certain ne limite ma veuë.
Toute femme m'agrée, et les perfections,
Du corps ou de l'esprit, troublent mes passions.
J'ayme le port de l'une, et de l'autre la taille ;
L'autre, d'un trait lascif me livre la bataille ;
Et l'autre, desdaignant d'un œil sévere et doux,
Ma peine et mon amour, me donne mille coups.
Soit qu'une autre modeste à l'impourveu m'avise,
De vergongne et d'amour mon âme est toute éprise :
Je sens d'un sage feu mon esprit enflammer,
Et son honnesteté me constrainct de l'aymer.
　Si quelque autre, affetée en sa douce malice,
Gouverne son œillade avecq' de l'artifice,
J'ayme sa gentillesse ; et mon nouveau desir
Se la promet sçavante en l'amoureux plaisir.
　Que l'autre parle livre, et face des merveilles :
Amour, qui prend par tout, me prend par les oreilles ;
Et juge par l'esprit, parfaict en ses accords,
Des points plus accomplis que peut avoir le corps.
Si l'autre est au rebours des lettres nonchalante,
Je croy qu'au fait d'amour elle sera sçavante ;
Et que nature habile à couvrir son deffaut,
Luy aura mis au lict tout l'esprit qu'il luy faut.
　Ainsi, de toute femme à mes yeux opposée,
Soit parfaite en beauté, ou soit mal composée,
De mœurs, ou de façons, quelque chose m'en plaist ;
Et ne sçay point comment, ny pourquoy, ny que c'est.
　Quelque objet que l'esprit par mes yeux se figure,
Mon cœur, tendre à l'amour, en reçoit la pointure :
Comme un miroir en soy toute image reçoit,
Il reçoit en amour quelque object que ce soit.

Autant qu'une plus blanche, il ayme une brunette :
Si l'une a plus d'esclat, l'autre est plus sadinette,
Et plus vive de feu, d'amour et de desir,
Comme elle en reçoit plus, donne plus de plaisir.

Mais sans parler de moy, que toute amour emporte :
Voyant une beauté folastrement accorte,
Dont l'abord soit facile, et l'œil plein de douceur ;
Que semblable à Venus on l'estime sa sœur,
Que le ciel sur son front ait posé sa richesse,
Qu'elle ait le cœur humain, le port d'un deesse,
Qu'elle soit le tourment, et le plaisir des cœurs,
Que Flore souz ses pas face naistre des fleurs ;
Au seul trait de ses yeux, si puissans sur les ames,
Les cœurs les plus glacez sont tous bruslans de flames :
Et fust-il de metail, ou de bronze, ou de roc,
Il n'est moine si sainct qui n'en quittast le froc.

Ainsi, moy seulement souz l'amour je ne plie ;
Mais de tous les mortels la nature accomplie,
Fleschit sous cest empire, et n'est homme icy bas
Qui soit exempt d'amour, non plus que du trespas.

Ce n'est donc chose estrange (estant si naturelle),
Que ceste passion me trouble la cervelle,
M'empoisonne l'esprit, et me charme si fort,
Que j'aimeray, je croy, encore apres ma mort.

Marquis, voyla le vent dont ma nef est portée,
A la triste mercy de la vague indomtée,
Sans cordes, sans timon, sans estoile, ny jour :
Reste ingrat et piteux de l'orage d'Amour,
Qui content de mon mal, et joyeux de ma perte,
Se rit de voir des flots ma poitrine couverte ;
Et comme sans espoir flote ma passion,
Digne, non de risée, ains de compassion.

Cependant, incertain du cours de la tempeste,
Je nage sur les flots, et relevant la teste,

Je semble despiter, naufrage audacieux,
L'infortune, les vents, la marine et les cieux :
M'esgayant en mon mal, comme un mélancolique,
Qui répute à vertu son humeur frenetique,
Discourt de son caprice, en caquete tout haut.
   Aussi comme à vertu j'estime ce deffaut,
Et quand tout par mal-heur jureroit mon dommage,
Je mourray fort content, mourant en ce voyage.

A M. L'ABBÉ DE BEAULIEU,
NOMMÉ PAR SA MAJESTÉ A L'ÉVESCHÉ DU MANS.

SATYRE VIII.

CHARLES, de mes pechez j'ay bien fait penitence.
Or toy, qui te cognois aux cas de conscience,
Juge si j'ay raison de penser estre absous.
J'oyois un de ces jours la messe à deux genoux,
Faisant mainte oraison, l'œil au ciel, les mains jointes,
Le cœur ouvert aux pleurs, et tout percé de pointes
Qu'un devot repentir eslançoit dedans moy,
Tremblant des peurs d'enfer, et tout bruslant de foy :
Quand un jeune frisé, relevé de moustache,
De galoche, de botte et d'un ample pennache,
Me vint prendre et me dict, pensant dire un bon mot :
Pour un poëte du temps vous estes trop devot.
Moy civil, je me leve, et le bon jour luy donne.
(Qu'heureux est le folastre, à la teste grisonne,
Qui brusquement eust dit, avecq' une sambieu :
Ouy bien pour vous, monsieur, qui ne croyez en Dieu !)
   Sotte discretion ! je voulus faire accroire
Qu'un poëte n'est bisarre et fascheux qu'apres boire.
Je baisse un peu la teste, et tout modestement
Je luy fis à la mode un petit compliment.

Luy, comme bien apris, le mesme me sceut rendre,
Et ceste courtoisie, à si haut prix me vendre,
Que j'aimerois bien mieux, chargé d'age et d'ennuis,
Me voir à Rome pauvre entre les mains des Juifs.

Il me prit par la main, apres mainte grimace,
Changeant sur l'un des pieds à toute heure de place,
Et, dansant tout ainsi qu'un barbe encastelé,
Me dist, en remâchant un propos avalé :
Que vous estes heureux, vous autres belles ames,
Favoris d'Apollon, qui gouvernez les dames,
Et par mille beaux vers les charmez tellement,
Qu'il n'est point de beautez que pour vous seulement !
Mais vous les meritez : vos vertus non communes
Vous font digne, monsieur, de ces bonnes fortunes.

Glorieux de me voir si hautement loüé,
Je devins aussi fier qu'un chat amadoüé ;
Et, sentant au palais mon discours se confondre,
D'un ris de sainct Medard il me fallut respondre.
Je poursuis. Mais, amy, laissons le discourir,
Dire cent et cent fois : Il en faudroit mourir ;
Sa barbe pinçoter, cageoller la science,
Relever ses cheveux; dire, En ma conscience ;
Faire la belle main, mordre un bout de ses gants,
Rire hors de propos, monstrer ses belles dents,
Se carrer sur un pied, faire arser son espée,
Et s'adoucir les yeux ainsi qu'une poupée :
Cependant qu'en trois mots je te feray sçavoir,
Où premier à mon dam ce fascheux me peut voir.
Rozete, le premier qui s'en repentira.

D'assez d'autres propos il me rompit la teste.
Voilà quant et comment je cogneu ceste beste ;
Te jurant, mon amy, que je quittay ce lieu
Sans demander son nom et sans luy dire adieu.

Je n'eus depuis ce jour de luy nouvelle aucune,

Si ce n'est ce matin que, de male fortune,
Je fus en ceste église où, comme j'ay conté,
Pour me persécuter Satan l'avoit porté.
Apres tous ces propos qu'on se dict d'arrivée,
D'un fardeau si pesant ayant l'ame grevée,
Je chauvy de l'oreille, et demourant pensif,
L'eschine j'alongeois comme un asne rétif,
Minutant me sauver de ceste tirannie.
Il le juge à respect : O ! sans ceremonie,
Je vous suply, dit-il, vivons en compagnons;
Ayant, ainsi qu'un pot, les mains sur les roignons.
Il me pousse en avant, me présente la porte,
Et, sans respect des saincts, hors l'église il me porte,
Aussi froid qu'un jaloux qui voit son corrival.
Sortis, il me demande : Estes vous à cheval ?
Avez vous point icy quelqu'un de vostre troupe ?
    J'estois chez une dame, en qui, si la satyre
Permettoit en ces vers que je le peusse dire,
Reluit, environné de la divinité,
Un esprit aussi grand que grande est sa beauté.
    Ce fanfaron chez elle eut de moy cognoissance,
Et ne fut de parler jamais en ma puissance,
Luy voyant ce jour-là son chappeau de velours,
Rire d'un fascheux conte, et faire un sot discours ;
Bien qu'il m'eust à l'abord doucement fait entendre
Qu'il estoit mon valet, à vendre et à despendre :
Et destournant les yeux : Belle, à ce que j'entends,
Comment ! vous gouvernez les beaux esprits du temps ;
Et faisant le doucet de parole et de geste,
Il se met sur un lict, luy disant : Je proteste
Que je me meurs d'amour quand je suis pres de vous ;
Je vous ayme si fort que j'en suis tout jaloux.
Puis rechangeant de note, il monstre sa rotonde :
Cest ouvrage est il beau ? que vous semble du monde ?

L'homme que vous sçavez m'a dit qu'il n'ayme rien.
Madame, à vostre avis, ce jourd'huy suis-je bien ?
Suis-je pas bien chaussé ? ma jambe est elle belle ?
Voyez ce tafetas ; la mode en est nouvelle ;
C'est œuvre de la Chine. A propos, on m'a dit
Que contre les clainquants le roy fait un édict.
Sur le coude il se met, trois boutons se délace :
Madame, baisez moy ; n'ay-je pas bonne grace ?
Que vous estes fascheuse ! A la fin on verra,
Je suis tout seul, à pied. Lui, de m'offrir la croupe.
Moy, pour m'en depêtrer, luy dire tout exprès :
Je vous baise les mains, je m'en vais icy pres,
Chez mon oncle disner. O Dieu le galand homme !
J'en suis. Et moy pour lors, comme un bœuf qu'on as-
    somme,
Je laisse choir la teste, et bien peu s'en salut,
Remettant par despit en la mort mon salut,
Que je n'allasse lors, la teste la première,
Me jetter du Pont-Neuf à bas en la rivière.
    Insensible il me traine en la court du Palais,
Où trouvant par hazard quelqu'un de ses valets,
Il l'apelle et luy dit : Hola hau ! Ladreville,
Qu'on ne m'attende point, je vay disner en ville.
    Dieu sçait si ce propos me traversa l'esprit !
Encor n'est-ce pas tout : il tire un long escrit
Que voyant je frémy. Lors, sans cageollerie :
Monsieur, je ne m'entends à la chicannerie,
Ce luy dis-je, feignant l'avoir veu de travers.
Aussi n'en est-ce pas, ce sont des meschans vers
(Je cogneu qu'il estoit véritable à son dire)
Que pour tuer le temps je m'efforce d'escrire ;
Et pour un courtisan, quand vient l'occasion,
Je montre que j'en sçay pour ma provision.
    Il lit, et se tournant brusquement par la place,

Les banquiers estonnez admiroient sa grimace,
Et monstroient en riant qu'ils ne luy eussent pas
Presté sur son minois quatre doubles ducats
(Que j'eusse bien donnez pour sortir de sa pate).
Je l'escoute, et durant que l'oreille il me flate,
(Le bon Dieu sçait comment) à chasque fin de vers,
Tout exprès je disois quelque mot de travers.
Il poursuit nonobstant d'une fureur plus grande,
Et ne cessa jamais qu'il n'eût fait sa légende.
　　Me voyant froidement ses œuvres advoüer,
Il les serre, et se met luy mesme à se loüer :
Doncq' pour un cavalier n'est-ce pas quelque chose ?
Mais, monsieur, n'avez vous jamais veu de ma prose ?
Moy de dire que si, tant je craignois qu'il eust
Quelque procès verbal qu'entendre il me fallust.
Encore, dittes moy en vostre conscience,
Pour un qui n'a du-tout acquis nulle science,
Cecy n'est-il pas rare ? Il est vray, sur ma foy,
Luy dis-je sousriant. Lors, se tournant vers moy,
M'accolle à tour de bras, et tout petillant d'aise,
Doux comme une espousée, à la joüe il me baise :
Puis me flattant l'espaule, il me fist librement
L'honneur que d'approuver mon petit jugement.
Apres ceste caresse il rentre de plus belle :
Tantost il parle à l'un, tantost l'autre l'appelle,
Tousjours nouveaux discours ; et tant fut-il humain,
Que tousjours de faveur il me tint par la main.
J'ay peur que sans cela, j'ay l'ame si fragile,
Que le laissant d'aguet, j'eusse peu faire gile ;
Mais il me fut bien force, estant bien attaché,
Que ma discretion expiast mon peché.
　　Quel heur ce m'eust esté, si, sortant de l'église,
Il m'eust conduit chez luy, et, m'ostant la chemise,
Ce beau valet, à qui ce beau maistre parla,

M'eust donné l'anguillade, et puis m'eust laissé là !
Honorable defaite, heureuse eschapatoire !
Encores derechef me la fallut-il boire.

    Il vint à reparler dessus le bruict qui court,
De la royne, du roy, des princes, de la court ;
Que Paris est bien grand, que le Pont-Neuf s'acheve ;
Si, plus en paix qu'en guerre, un empire s'esleve.
Il vint à définir que c'estoit qu'amitié,
Et tant d'autres vertus, que c'en estoit pitié.
Mais il ne définit, tant il estoit novice,
Que l'indiscretion est un si fascheux vice,
Qu'il vaut bien mieux mourir de rage ou de regret
Que de vivre à la gesne avec un indiscret.

    Tandis que ces discours me donnoient la torture,
Je sonde tous moyens pour voir si d'aventure
Quelque bon accident eust peu m'en retirer,
Et m'empescher enfin de me desesperer.

    Voyant un président, je luy parle d'affaire ;
S'il avoit des procès, qu'il estoit nécessaire
D'estre tousjours après ces messieurs bonneter ;
Qu'il ne laissast pour moy de les soliciter ;
Quant à luy, qu'il estoit homme d'intelligence ,
Qui sçavoit comme on perd son bien par négligence :
Où marche l'interest qu'il faut ouvrir les yeux.
Ha ! non, monsieur, dit-il, j'aymerois beaucoup mieux
Perdre tout ce que j'ay que vostre compagnie ;
Et se mist aussi-tost sur la ceremonie.

    Moy qui n'ayme à debatre en ces fadêses-là,
Un temps, sans luy parler, ma langue vacila.
Enfin je me remets sur les cageolleries,
Luy dis (comme le roy estoit aux Tuilleries)
Ce qu'au Louvre on disoit qu'il feroit ce jourd'hui,
Qu'il devroit se tenir tousjours auprès de luy.
Dieu sçait combien alors il me dist de sottises,

Parlant de ses hauts faicts et de ses vaillantises ;
Qu'il avoit tant servy, tant faict la faction,
Et n'avoit cependant aucune pension ;
Mais qu'il se consoloit en ce qu'au moins l'histoire,
Comme on fait son travail, ne desroboit sa gloire ;
Et s'y met si avant que je creu que mes jours
Devoient plustost finir que non pas son discours.
   Mais comme Dieu voulut, après tant de demeures,
L'orlòge du Palais vint à fraper onze heures ;
Et luy, qui pour la souppe avoit l'esprit subtil :
A quelle heure, monsieur, vostre oncle disne-til ?
Lors bien peu s'en falut, sans plus long-temps attendre,
Que de rage au gibet je ne m'allasse pendre.
Encor l'eussé-je-fait, estant desesperé ;
Mais je croy que le ciel, contre moy conjuré,
Voulut que s'accomplist ceste avanture mienne
Que me dist., jeune enfant, une Bohemienne :
Ny la peste, la faim, la verolle, la tous,
La fievre, les venins, les larrons, ny les lous,
Ne tueront cestuy-cy ; mais l'importun langage
D'un fâcheux : qu'il s'en garde estant grand, s'il est sage.
   Comme il continuoit ceste vieille chanson,
Voicy venir quelqu'un d'assez pauvre façon.
Il se porte au devant, luy parle, le cageolle ;
Mais cest autre, à la fin, se monta de parole :
Monsieur, c'est trop long-temps... tout ce que vous vou-
      drez....
Voicy l'arrest signé... Non, monsieur, vous viendrez...
Quand vous serez dedans, vous serez à partie...
Et moy, qui cependant n'estois de la partie,
J'esquive doucement, et m'en vais à grand-pas,
La queuë en loup qui fuit, et les yeux contre bas,
Le cœur sautant de joye, et triste d'aparence.
Depuis aux bons sergens j'ay porté reverence,

Comme à des gens d'honneur par qui le ciel voulut
Que je receusse un jour le bien de mon salut.
    Mais, craignant d'encourir vers toy le mesme vice
Que je blasme en autruy, je suis à ton service ;
Et prie Dieu qu'il nous garde, en ce bas monde icy,
De faim, d'un importun, de froid et de soucy.

A M. RAPIN.

SATYRE IX.

Rapin, le favorit d'Apollon et des Muses,
Pendant qu'en leur mestier jour et nuict tu t'amuses,
Et que d'un vers nombreux non encore chanté,
Tu te fais un chemin à l'immortalité,
Moy, qui n'ay ny l'esprit, ny l'haleine assez forte
Pour te suivre de pres et te servir d'escorte,
Je me contenteray, sans me précipiter,
D'admirer ton labeur, ne pouvant l'imiter ;
Et pour me satisfaire au desir qui me reste,
De rendre cest hommage à chascun manifeste.
Par ces vers j'en prens acte, afin que l'advenir
De moy, par ta vertu, se puisse souvenir ;
Et que ceste mémoire à jamais s'entretienne,
Que ma muse imparfaite eut en honneur la tienne ;
Et que si j'eus l'esprit d'ignorance abbatu,
Je l'eus au moins si bon, que j'aymay ta vertu.
Contraire à ces resveurs, dont la muse insolente,
Censurant les plus vieux, arrogamment se vante
De reformer les vers, non les tiens seulement,
Mais veulent déterrer les Grecs du monument,
Les Latins, les Hébreux, et toute l'antiquaille,
Et leur dire en leur nez qu'ils n'ont rien fait qui vaille.
Ronsard en son mestier n'estoit qu'un apprentif,
Il avoit le cerveau fantastique et rétif :

Des Portes n'est pas net, du Bellay trop facile;
Belleau ne parle pas comme on parle à la ville.
Il a des mots hargneux, bouffis et relevez,
Qui du peuple aujourd'hui ne sont pas approuvez.
   Comment! il nous faut donq', pour faire une œuvre
      grande,
Qui de la calomnie et du temps se deffende,
Qui trouve quelque place entre les bons autheurs,
Parler comme à Sainct-Jean parlent les crocheteurs.
   Encore je le veux, pourveu qu'ils puissent faire,
Que ce beau sçavoir entre en l'esprit du vulgaire:
Et quand les crocheteurs seront poëtes fameux,
Alors, sans me fascher, je parleray comme eux.
   Pensent ils, des plus vieux offençant la mémoire,
Par le mespris d'autruy s'acquerir de la gloire;
Et pour quelque vieux mot estrange, ou de travers,
Prouver qu'ils ont raison de censurer leurs vers!
(Alors qu'une œuvre brille et d'art et de science,
La verve quelquefois s'esgaye en la licence.)
   Il semble en leurs discours hautains et genereux,
Que le cheval volant n'ait pissé que pour eux;
Que Phœbus à leur ton accorde sa vielle;
Que la mouche du Grec leurs levres emmielle;
Qu'ils ont seuls icy bas trouvé la pie au nit,
Et que des hauts esprits le leur est le zénit:
Que seuls des grands secrets ils ont la cognoissance;
Et disent librement que leur experience
A rafiné les vers fantastiques d'humeur,
Ainsi que les Gascons ont fait le point d'honneur;
Qu'eux tous seuls du bien dire ont trouvé la metode,
Et que rien n'est parfaict s'il n'est fait à leur mode.
   Cependant leur sçavoir ne s'estend seulement
Qu'à regratter un mot douteux au jugement,
Prendre garde qu'un *qui* ne heurte une diphtongue,

Espier si des vers la rime est breve ou longue,
Ou bien si la voyelle à l'autre s'unissant,
Ne rend point à l'oreille un vers trop languissant,
Et laissent sur le verd le noble de l'ouvrage.
Nul esguillon divin n'esleve leur courage ;
Ils rampent bassement, foibles d'inventions,
Et n'osent, peu hardis, tenter les fictions,
Froids à l'imaginer : car s'ils font quelque chose,
C'est proser de la rime, et rimer de la prose,
Que l'art lime, et relime, et polit de façon,
Qu'elle rend à l'oreille un agreable son ;
Et voyant qu'un beau feu leur cervelle n'embrase,
Ils attifent leurs mots, enjolivent leur phrase,
Affectent leur discours tout si relevé d'art,
Et peignent leur defaux de couleur et de fard.
Aussi je les compare à ces femmes jolies,
Qui, par les affiquets, se rendent embellies,
Qui gentes en habits, et sades en façons,
Parmy leur point coupé tendent leurs hameçons ;
Dont l'œil rit mollement avecque affeterie,
Et de qui le parler n'est rien que flaterie :
De rubans piolez s'agencent proprement,
Et toute leur beauté ne gist qu'en l'ornement ;
Leur visage reluit de ceruse et de peautre,
Propres en leur coiffure, un poil ne passe l'autre.
    Ou, ces divins esprits, hautains et relevez,
Qui des eaux d'Hélicon ont les sens abreuvez ;
De verve et de fureur leur ouvrage estincelle,
De leurs vers tout divins la grace est naturelle,
Et sont, comme l'on voit, la parfaicte beauté,
Qui contente de soy, laisse la nouveauté
Que l'art trouve au Palais, ou dans le blanc d'Espagne.
Rien que le naturel sa grace n'accompagne :
Son front, lavé d'eau claire, esclate d'un beau teint,

De roses et de lys la nature la peint ;
Et laissant là Mercure, et toutes ses malices,
Les nonchalances sont ses plus grands artifices.
    Or, Rapin, quant à moy, je n'ay point tant d'esprit.
Je vay le grand chemin que mon oncle m'apprit :
Laissant là ces docteurs que les muses instruisent
En des arts tout nouveaux; et s'ils font, comme ils disent,
De ses fautes un livre aussi gros que le sien,
Telles je les croiray quand ils auront du bien ;
Et que leur belle muse, à mordre si cuisante,
Leur don'ra, comme à luy, dix mil escus de rente,
De l'honneur, de l'estime; et quand par l'univers,
Sur le lut de David on chantera leurs vers ;
Qu'ils auront joint l'utile avecq' le délectable,
Et qu'ils sçauront rimer une aussi bonne table.
    On faict en Italie un conte assez plaisant,
Qui vient à mon propos, qu'une fois un paisant,
Homme fort entendu, et suffisant de teste,
Comme on peut aisément juger par sa requeste,
S'en vint trouver le pape, et le voulut prier,
Que les prestres du temps se peussent marier,
Afin, ce disoit-il, que nous puissions nous autres,
Leurs femmes carresser, ainsi qu'ils font les nostres.
    Ainsi suis-je d'avis, comme ce bon lourdaut :
S'ils ont l'esprit si bon, et l'intellect si haut,
Le jugement si clair, qu'ils fassent un ouvrage,
Riche d'inventions, de sens et de langage,
Que nous puissions draper comme ils font nos escris,
Et voir, comme l'on dit, s'ils sont si bien apris :
Qu'ils monstrent de leur eau, qu'ils entrent en carriere.
Leur age deffaudra plustost que la matiere.
Nous sommes en un siécle où le prince est si grand,
Que tout le monde entier à peine le comprend.
Qu'ils facent, par leurs vers, rougir chacun de honte.

Et comme de valeur nostre prince surmonte
Hercule, Ænée, Achil'; qu'ils ostent les lauriers
Aux vieux, comme le roy l'a fait aux vieux guerriers;
Qu'ils composent une œuvre, on verra si leur livre,
Apres mille et mille ans, sera digne de vivre,
Surmontant par vertu, l'envie et le destin,
Comme celuy d'Homere, et du chantre latin.

Mais, Rapin mon amy, c'est la vieille querelle.
L'homme le plus parfaict a manque de cervelle;
Et de ce grand deffaut vient l'imbécilité,
Qui rend l'homme hautain, insolent, effronté :
Et selon le sujet qu'à l'œil il se propose,
Suivant son appétit il juge toute chose.

Aussi, selon nos yeux, le soleil est luysant.
Moy-mesme en ce discours qui fais le suffisant,
Je me cognoy frappé, sans le pouvoir comprendre,
Et de mon ver-coquin je ne me puis deffendre.

Sans juger, nous jugeons; estant nostre raison
Là haut dedans la teste, où, selon la saison
Qui regne en nostre humeur, les broüillars nous em-
      broüillent,
Et de liévres cornus le cerveau nous barboüillent.

Philosophes resveurs, discourez hautement :
Sans bouger de la terre allez au firmament;
Faites que tout le ciel branle à vostre cadence,
Et pesez vos discours mesme dans sa balance :
Cognoissez les humeurs qu'il verse dessus nous,
Ce qui se fait dessus, ce qui se fait dessous;
Portez une lanterne aux cachots de nature,
Sçachez qui donne aux fleurs ceste aimable peinture,
Quelle main sur la terre en broye la couleur,
Leurs secrettes vertus, leurs degrez de chaleur;
Voyez germer à l'œil les semences du monde,
Allez mettre couver les poissons dedans l'onde,

Deschiffrez les secrets de nature et des cieux :
Vostre raison vous trompe, aussi bien que vos yeux.
   Or ignorant de tout, de tout je me veux rire,
Faire de mon humeur moy-mesme une satyre,
N'estimer rien de vray, qu'au goust il ne soit tel,
Vivre, et comme chrestien adorer l'Immortel,
Où gist le seul repos, qui chasse l'ignorance :
Ce qu'on void hors de luy n'est que sotte apparence,
Piperie, artifice ; encore, ô cruauté
Des hommes, et du temps! nostre meschanceté
S'en sert aux passions, et dessous une aumusse,
L'ambition, l'amour, l'avarice se musse.
L'on se couvre d'un froc pour tromper les jaloux;
Les temples aujourd'huy servent aux rendez-vous :
Derriere les pilliers on oyt mainte sornette,
Et, comme dans un bal, tout le monde y caquette.
On doit rendre, suivant et le temps et le lieu,
Ce qu'on doit à César, et ce qu'on doit à Dieu.
Et quant aux appétis de la sottise humaine,
Comme un homme sans goust, je les ayme sans peine;
Aussi bien rien n'est bon que par affection :
Nous jugeons, nous voyons, selon la passion.
   Le soldat aujourd'huy ne resve que la guerre;
En paix le laboureur veut cultiver sa terre :
L'avare n'a plaisir qu'en ses doubles ducas;
L'amant juge sa dame un chef d'œuvre icy bas,
Encore qu'elle n'ait sur soy rien qui soit d'elle ;
Que le rouge et le blanc par art la fasse belle,
Qu'elle ante en son palais ses dents tous les matins,
Qu'elle doive sa taille au bois de ses patins,
Que son poil, des le soir, frisé dans la boutique,
Comme un casque au matin sur sa teste s'aplique;
Qu'elle ait, comme un piquier, le corselet au dos,
Qu'à grand peine sa peau puisse couvrir ses os,

Et tout ce qui de jour la fait voir si doucette,
La nuit comme en dépost soit dessous la toillete :
Son esprit ulceré juge en sa passion,
Que son teint fait la nique à la perfection.

   Le soldat tout-ainsi pour la guerre souspire,
Jour et nuict il y pense, et tousjours la desire ;
Il ne resve la nuict que carnage et que sang :
La pique dans le poing, et l'estoc sur le flanc,
Il pense mettre à chef quelque belle entreprise ;
Que forçant un chasteau, tout est de bonne prise ;
Il se plaist aux trésors qu'il cuide ravager,
Et que l'honneur luy rie au milieu du danger.

   L'avare, d'autre part, n'ayme que la richesse,
C'est son roy, sa faveur, sa cour et sa maistresse ;
Nul object ne luy plaist, sinon l'or et l'argent,
Et tant plus il en a, plus il est indigent.

   Le paysant, d'autre soin se sent l'âme embrasée.
Ainsi l'humanité sottement abusée,
Court à ses appétis qui l'aveuglent si bien,
Qu'encor qu'elle ait des yeux, si ne voit elle rien.
Nul chois hors de son goust ne regle son envie,
Mais s'aheurte où sans plus quelque apas la convie,
Selon son appétit le monde se repaist,
Qui fait qu'on trouve bon seulement ce qui plaist.

   O debile raison ! où est ores ta bride ?
Où ce flambeau qui sert aux personnes de guide ?
Contre la passion trop foible est ton secours,
Et souvent, courtisane, apres elle tu cours ;
Et savourant l'appas qui ton âme ensorcelle,
Tu ne vis qu'à son goust, et ne vois que par elle.
De là vient qu'un chacun, mesmes en son deffaut,
Pense avoir de l'esprit autant qu'il luy en faut,
Aussi rien n'est party si bien par la nature,
Que le sens : car chacun en a sa fourniture.

Mais pour nous, moins hardis à croire à nos raisons,
Qui reglons nos esprits par les comparaisons
D'une chose avecq' l'autre, espluchons de la vie
L'action qui doit estre ou blasmée, ou suivie;
Qui criblons le discours, au chois se variant,
D'avecq' la fausseté, la verité triant,
(Tant que l'homme le peut); qui formons nos ouvrages,
Aux moûles si parfaits de ces grands personnages,
Qui depuis deux mille ans ont acquis le crédit
Qu'en vers rien n'est parfait que ce qu'ils en ont dit:
Devons nous aujourd'huy, pour une erreur nouvelle,
Que ces clercs dévoyez forment en leur cervelle,
Laisser légerement la vieille opinion,
Et suivant leur avis, croire à leur passion?
    Pour moy, les Huguenots pourroient faire miracles,
Ressusciter les morts, rendre de vrais oracles,
Que je ne pourrois pas croire à leur verité.
En toute opinion je suis la nouveauté.
Aussi doit-on plustost imiter nos vieux peres,
Que suivre des nouveaux les nouvelles chimeres.
De mesme, en l'art divin de la muse, doit-on
Moins croire à leur esprit, qu'à l'esprit de Platon.
    Mais, Rapin, à leur goust, si les vieux sont profanes;
Si Virgile, le Tasse, et Ronsard, sont des asnes:
Sans perdre en ces discours le temps que nous perdons,
Allons comme eux aux champs, et mangeons des chardons.

SATYRE X.

Ce mouvement de temps, peu cogneu des humains,
Qui trompe nostre espoir, nostre esprit, et nos mains,
Chevelu sur le front, et chauve par derriere,
N'est pas de ces oyseaux qu'on prend à la pantiere:
Non plus que ce milieu, des vieux tant débatu,
Où l'on mist par despit à l'abry la vertu,

N'est un siége vaquant au premier qui l'occupe.
Souvent le plus mattois ne passe que pour dupe :
Où par le jugement il faut perdre son temps,
A choisir dans les mœurs ce milieu que j'entens.
 Or j'excuse en cecy nostre foiblesse humaine,
Qui ne veut, ou ne peut, se donner tant de peine,
Que s'exercer l'esprit en tout ce qu'il faudroit,
Pour rendre par estude un lourdaut plus adroit.
Mais je n'excuse pas les censeurs de Socrate,
De qui l'esprit rongneux de soy-même se grate,
S'idolatre, s'admire, et d'un parler de miel,
Se va préconisant cousin de larcanciel.
Qui baillent pour raisons des chansons et des bourdes,
Et, tous sages qu'ils sont, font les fautes plus lourdes :
Et pour sçavoir gloser sur le magnificat,
Trenchent en leurs discours de l'esprit délicat,
Controllent un chacun, et par apostasie,
Veulent paraphraser dessus la fantasie.
Aussi leur bien ne sert qu'à monstrer le deffaut,
Et semblent se baigner quand on chante tout haut,
Qu'ils ont si bon cerveau qu'il n'est point de sottise
Dont par raison d'estat leur esprit ne s'advise.
 Or il ne me chaudroit, insensez ou prudens,
Qu'ils fissent à leurs frais messieurs les intendans,
A chaque bout de champ, si, sous ombre de chere,
Il ne m'en falloit point payer la folle enchere.
 Un de ces jours derniers, par des lieux destournez,
Je m'en allois resvant, le manteau sur le nez,
L'ame bizarrement de vapeurs occupée,
Comme un poëte qui prend les vers à la pipée :
En ces songes profonds où flottoit mon esprit,
Un homme par la main hazardément me prit,
Ainsi qu'on pourroit prendre un dormeur par l'oreille,
Quand on veut qu'à minuict en sursaut il s'esveille.

Je passe outre d'aguet, sans en faire semblant,
Et m'en vois à grands pas, tout froid et tout tremblant :
Craignant de faire encor', avec ma patience,
Des sottises d'autruy nouvelle pénitence.
Tout courtois il me suit, et d'un parler remis :
Quoy, monsieur, est-ce ainsi qu'on traite ses amis ?
Je m'arreste, contraint, d'une façon confuse,
Grondant entre mes dents je barbotte une excuse.
De vous dire son nom, il ne garit de rien,
Et vous jure au surplus qu'il est homme de bien,
Que son cœur convoiteux d'ambition ne creve,
Et pour ses factions qu'il n'ira point en Greve :
Car il aime la France, et ne souffriroit point,
Le bon seigneur qu'il est, qu'on la mist en pourpoint.
Au compas du devoir il regle son courage,
Et ne laisse en dépost pourtant son advantage.
Selon le temps il met ses partis en avant.
Alors que le roy passe, il gaigne le devant ;
Et dans la gallerie, encor' que tu luy parles,
Il te laisse au roy Jean, et s'en court au roy Charles :
Mesme aux plus avancez demandant le pourquoy,
Il se met sur un pied, et sur le quant à moy ;
Et seroit bien fasché, le prince assis à table,
Qu'un autre en fust plus prés, ou fist plus l'agréable ;
Qui plus suffisamment entrant sur le devis,
Fist mieux le philosophe, ou dist mieux son avis :
Qui de chiens ou d'oiseaux eust plus d'expérience,
Ou qui décidast mieux un cas de conscience :
Puis dittes, comme un sot, qu'il est sans passion.
    Sans gloser plus avant sur sa perfection,
Avec maints hauts discours, de chiens, d'oyseaux, de bottes;
Que les vallets de pied sont fort sujects aux crottes ;
Pour bien faire du pain il faut bien enfourner ;
Si dom Pedre est venu, qu'il s'en peut retourner :

Le ciel nous fist ce bien qu'encor' d'assez bonne heure,
Nous vinsmes au logis où ce monsieur demeure,
Où , sans historier le tout par le menu ,
Il me dict : vous soyez, monsieur , le bien venu.
Apres quelques propos , sans propos , et sans suite ,
Avecq' un froid adieu je minutte ma fuitte ,
Plus de peur d'accident que de discretion.
Il commence un sermon de son affection :
Me rid, me prend, m'embrasse , avec cérémonie :
Quoy , vous ennuyez-vous en nostre compagnie ?
Non , non , ma foy, dit-il , il n'ira pas ainsi ;
Et puis que je vous tiens, vous souperez icy.
Je m'excuse , il me force. O dieux ! quelle injustice !
Alors, mais las ! trop tard , je cogneus mon supplice :
Mais pour l'avoir cogneu, je ne peus l'esviter,
Tant le destin se plaist à me persécuter.

A peine à ces propos eut-il fermé la bouche ,
Qu'il entre à l'estourdi un sot faict à la fourche ,
Qui, pour nous saluer, laissant choir son chappeau,
Fist comme un entre-chat avec un escabeau,
Trebuchant par le cul s'en va devant-derriere ,
Et grondant se fascha qu'on estait sans lumiere.
Pour nous faire , sans rire , avaller ce beau saut ,
Le monsieur sur la veuë excuse ce deffaut :
Que les gens de sçavoir ont la visiere tendre.
L'autre se relevant devers nous se vint rendre ,
Moins honteux d'estre cheut que de s'estre dressé ;
Et luy demandast-il s'il s'estoit point blessé.

Apres mille discours dignes d'un grand volume,
On appelle un vallet, la chandelle s'allume :
On apporte la nappe , et met-on le couvert ;
Et suis parmy ces gens comme un homme sans vert,
Qui fait en rechignant aussi maigre visage,
Qu'un renard que Martin porte au Louvre en sa cage,

Un long-temps sans parler je regorgeois d'ennuy.
Mais n'estant point garand des sottises d'autruy,
Je creu qu'il me falloit d'une mauvaise affaire,
En prendre seulement ce qui m'en pouvoit plaire.
Ainsi considerant ces hommes et leurs soins,
Si je n'en disois mot, je n'en pensois pas moins ;
Et jugé ce lourdaut, à son nez autentique,
Que c'estoit un pédant, animal domestique,
De qui la mine rogue, et le parler confus,
Les cheveux gras et longs, et les sourcils touffus,
Faisoient par leur sçavoir, comme il faisoit entendre,
La figue sur le nez au pédant d'Alexandre.
    Lors je fus asseuré de ce que j'avois creu,
Qu'il n'est plus courtisan de la cour si recreu,
Pour faire l'entendu, qu'il n'ait, pour quoy qu'il vaille,
Un poëte, un astrologue, ou quelque pédentaille,
Qui durant ses amours, avec son bel esprit,
Couche de ses faveurs l'histoire par escrit.
    Maintenant que l'on voit, et que je vous veux dire,
Tout ce qui se fist là digne d'une satyre ;
Je croirois faire tort à ce docteur nouveau,
Si je ne luy donnois quelques traicts de pinceau.
Mais estant mauvais peintre, ainsi que mauvais poëte,
Et que j'ay la cervelle et la main maladroitte :
O muse, je t'invoque : emmielle moy le bec,
Et bandes de tes mains les nerfs de ton rebec ;
Laisse moy là Phœbus chercher son aventure,
Laisse moy son *b* mol, prend la clef de nature ;
Et vien, simple, sans fard, nuë, et sans ornement,
Pour accorder ma fluste avec ton instrument.
Dy moy comme sa race, autrefois ancienne,
Dedans Rome accoucha d'une patricienne,
D'où nasquit dix Catons, et quatre-vingts préteurs,
Sans les historiens, et tous les orateurs.

Mais non, venons à luy, dont la maussade mine
Ressemble un de ces dieux des couteaux de la Chine;
Et dont les beaux discours, plaisamment estourdis,
Feroient crever de rire un sainct de paradis.
Son teint jaune, enfumé, de couleur de malade,
Feroit donner au diable, et ceruze, et pommade;
Et n'est blanc en Espaigne à qui ce cormoran
Ne fasse renier la loy de l'Alcoran.
Ses yeux bordez de rouge, esgarez, sembloient estre,
L'un à Montmartre, et l'autre au chasteau de Bicestre :
Toutesfois, redressant leur entre-pas tortu,
Ils guidoient la jeunesse au chemin de vertu.
Son nez haut relevé sembloit faire la nique
A l'Ovide Nason, au Scipion Nasique,
Où maints rubiz balez, tous rougissants de vin,
Monstroient un *hàc itur* à la Pomme de pin;
Et preschant la vendange, asseuroient en leur trongne,
Qu'une jeune medecin vit moins qu'un vieux yvrongne.
Sa bouche est grosse et torte, et semble en son porfil,
Celle-là d'Alison, qui retordant du fil,
Fait la moüe aux passans, et féconde en grimace,
Bave comme au prin-temps une vieille limace.
Un rateau mal rangé pour ses dents paroissoit,
Où le chancre et la roüille en monceaux s'amassoit;
Dont pour lors je cogneus, grondant quelques paroles,
Qu'espert il en sçavoit crever ses éveroles :
Qui me fist bien juger qu'aux veilles des bons jours,
Il en souloit roigner ses ongles de velours.
Sa barbe sur sa joüe esparse à l'avanture,
Où l'art est en colere avecque la nature,
En bosquets s'eslevoit, où certains animaux,
Qui des pieds, non des mains, luy faisoient mille maux.
  Quant au reste du corps, il est de telle sorte,
Qu'il semble que ses reins, et son espaule torte,

6.

Facent guerre à sa teste, et par rebellion,
Qu'ils eussent entassé Osse sur Pélion :
Tellement qu'il n'a rien en tout son attelage,
Qui ne suive au galop la trace du visage.
    Pour sa robbe, elle fut autre qu'elle n'estoit
Alors qu'Albert-le-Grand aux festes la portoit;
Mais tousjours recousant piéce à piéce nouvelle,
Depuis trente ans c'est elle, et si ce n'est pas elle :
Ainsi que ce vaisseau des Grecs tant renommé,
Qui survescut au temps qui l'avoit consommé.
Une taigne affamée estoit sur ses épaules,
Qui traçoit en arabe une carte des Gaules.
Les piéces et les trous semez de tous costez,
Représentoient les bourgs, les monts et les citez.
Les filets séparez, qui se tenoient à peine,
Imitoient les ruisseaux coulans dans une plaine.
Les Alpes, en jurant, luy grimpoient au collet,
Et Savoy' qui plus bas ne pend qu'à un filet.
Les puces, et les poux, et telle autre quenaille,
Aux plaines d'alentour se mettoient en bataille,
Qui les places d'autruy par armes usurpant,
Le titre disputoient au premier occupant.
    Or dessous ceste robbe illustre et vénerable,
Il avoit un jupon, non celuy de constable;
Mais un qui pour un temps suivit l'arriere-ban,
Quand en premiere nopce il servit de caban
Au croniqueur Turpin, lors que par la campagne
Il portoit l'arbalestre au bon roy Charlemagne.
Pour asseurer si c'est, ou laine, ou, soye, ou lin,
Il faut en devinaille estre maistre Gonin.
    Sa ceinture honorable, ainsi que ses jartieres,
Furent d'un drap du Seau, mais j'entends des lizieres,
Qui sur maint cousturier joüerent maint rollet,
Mais pour l'heure présente ils sangloient le mulet.

Un mouchoir et des gands, avecq' ignominie,
Ainsi que des larrons, pendus en compagnie,
Lui pendoient au costé, qui sembloient, en lambeaux,
Crier, en se mocquant : vieux linges, vieux drapeaux !
De l'autre, brimballoit une clef fort honneste,
Qui tire à sa cordelle une noix d'arbaleste.

    Ainsi ce personnage, en magnifique arroy,
Marchant *pedetentim*, s'en vint jusques à moy,
Qui sentis à son nez, à ses lèvres décloses,
Qu'il fleuroit bien plus fort, mais non pas mieux que roses.

    Il me parle latin, il allegue, il discourt,
Il reforme à son pied les humeurs de la court :
Qu'il a pour enseigner, une belle maniere,
Qu'en son globe il a veu la matiere premiere ;
Qu'Épicure est yvrongne, Hypocrate un bourreau,
Que Bartole et Jason ignorent le barreau ;
Que Virgile est passable, encor' qu'en quelques pages
Il meritast au Louvre estre chiflé des pages ;
Que Pline est inégal, Terence un peu joly :
Mais surtout il estime un langage poly.

    Ainsi sur chasque autheur il trouve dequoy mordre.
L'un n'a point de raison, et l'autre n'a point d'ordre ;
L'autre avorte avant temps des œuvres qu'il conçoit.
Or' il vous prend Macrobe, et luy donne le foit.
Ciceron, il s'en taist, d'autant que l'on le crie
Le pain quotidien de la pédanterie.
Quant à son jugement, il est plus que parfait,
Et l'immortalité n'ayme que ce qu'il fait.
Par hazard disputant, si quelqu'un luy replique ;
Et qu'il soit à *quia* : Vous estes hérétique,
Ou pour le moins fauteur ; ou, vous ne sçavez point
Ce qu'en mon manuscrit j'ay noté sur ce point.

    Comme il n'est rien de simple, aussi rien n'est durable.
De pauvre on devient riche, et d'heureux misérable.

Tout se change : qui fist qu'on changea de discours.
Apres maint entretien, maints tours, et maints retours,
Un valet, se levant le chapeau de la teste,
Nous vint dire tout haut que la souppe estoit preste.
Je cogneu qu'il est vray ce qu'Homère en escrit,
Qu'il n'est rien qui si fort nous resveille l'esprit ;
Car j'eus, au son des plats, l'ame plus alterée,
Que ne l'auroit un chien au son de la curée.
Mais comme un jour d'hyver où le soleil reluit,
Ma joye en moins d'un rien comme un éclair s'enfuit ;
Et le ciel, qui des dents me rid à la pareille,
Me bailla gentiment le liévre par l'oreille.
Et comme en une montre, où les passe-volans,
Pour se monstrer soldats, sont les plus insolens :
Ainsi, parmy ces gens, un gros vallet d'estable,
Glorieux de porter les plats dessus la table,
D'un nez de majordome, et qui morgue la faim,
Entra, serviette au bras, et fricassée en main ;
Et sans respect du lieu, du docteur, ny des sausses,
Heurtant table et treteaux, versa tout sur mes chausses.
On le tance, il s'escuse ; et moy tout résolu,
Puis qu'à mon dam le ciel l'avoit ainsi voulu,
Je tourne en raillerie un si fascheux mistere :
De sorte que monsieur m'obligea de s'en taire.
    Sur ce point on se lave, et chacun en son rang
Se met dans une chaire, ou s'assied sur un banc,
Suivant ou son merite, ou sa charge, ou sa race.
Des niais, sans prier, je me mets en la place,
Où j'estois résolu, faisant autant que trois,
De boire et de manger, comme aux veilles des rois ;
Mais à si beau dessein défaillant la matière,
Je fus enfin contraint de ronger ma litière :
Comme un asne affamé qui n'a chardons ny foin,
N'ayant pour lors dequoy me saouler au besoin.

Or entre tous ceux-là qui se mirent à table,
Il n'en estoit pas un qui ne fust remarquable,
Et qui, sans esplucher, n'avallast l'éperlan.
L'un, en titre d'office exerçoit un berlan :
L'autre estoit des suivants de madame Lipée,
Et l'autre, chevalier de la petite espée ;
Et le plus sainct d'entr'eux (sauf le droict du cordeau)
Vivoit au cabaret, pour mourir au bordeau.

En forme d'eschiquier les plats rangez sur table,
N'avoient ny le maintien, ny la grace accostable ;
Et bien que nos disneurs mangeassent en sergens,
La viande pourtant ne prioit point les gens.
Mon docteur de menestre, en sa mine alterée,
Avoit deux fois autant de mains que Briarée ;
Et n'estoit, quel qu'il fust, morceau dedans le plat,
Qui des yeux et des mains n'eust un escheq et mat.
D'où j'apprins, en la cuitte, aussi bien qu'en la cruë,
Que l'ame se laissoit piper comme une gruë :
Et qu'aux plats, comme au lict, avec lubricité,
Le péché de la chair tentoit l'humanité.

Devant moy justement on plante un grand potage
D'où les mousches à jeun se sauvoient à la nage :
Le broüet estoit maigre, et n'est Nostradamus,
Qui, l'astrolabe en main, ne demeurast camus,
Si par galenterie, ou par sottise expresse,
Il y pensoit trouver un estoile de gresse.
Pour moy, si j'eusse esté sur la mer de Levant,
Où le vieux Louchaly fendit si bien le vent,
Quand Sainct Marc s'habilla des enseignes de Trace ;
Je la comparerois au golphe de Patrasse :
Pource qu'on y voyoit, en mille et mille parts,
Les mousches qui flottoient en guise de soldarts,
Qui morts, sembloient encor', dans les ondes salées,
Embrasser les charbons des galeres bruslées.

J'oy, ce semble, quelqu'un de ces nouveaux docteurs,
Qui d'estoc et de taille estrillent les autheurs,
Dire que ceste exemple est fort mal assortie.
Homere, et non pas moy, t'en doit la garentie,
Qui dedans ses escrits, en de certains effets,
Les compare peut-estre aussi mal que je faits.

Mais retournons à table, où l'esclanche en cervelle,
Des dents et du chalan séparoit la querelle ;
Et sur la nappe allant de quartier en quartier,
Plus dru qu'une navette au travers d'un mestier,
Glissoit de main en main, où sans perdre advantage,
Ebréchant le cousteau, tesmoignoit son courage :
Et durant que brebis elle fut parmy nous,
Elle sceut bravement se deffendre des loups;
Et de se conserver elle mist si bon ordre,
Que morte de vieillesse elle ne sçavoit mordre.

A quoy, gloutton oyseau, du ventre renaissant
Du fils du bon Japet te vas-tu repaissant?
Assez, et trop long temps, son poulmon tu gourmandes,
La faim se renouvelle au change des viandes.
Laissant là ce larron, vien icy desormais,
Où la tripaille est fritte en cent sortes de mets.
Or durant ce festin damoyselle Famine,
Avec son nez étique, et sa mourante mine,
Ainsi que la cherté par edict l'ordonna,
Faisoit un beau discours dessus la Lezina ;
Et nous torchant le bec, alléguoit Symonide,
Qui dict, pour estre sain, qu'il faut mascher à vuide.
Au reste, à manger peu, monsieur beuvoit d'autant,
Du vin qu'à la taverne on ne payoit contant;
Et se faschoit qu'un Jean, blessé de la logique,
Luy barbouïlloit l'esprit d'un *ergo* sophistique.

Esmiant, quant à moy, du pain entre mes doigts,
A tout ce qu'on disoit doucet je m'accordois :

Leur voyant de piot la cervelle eschauffée,
De peur, comme l'on dict, de coûroucer la fée.
  Mais à tant d'accidents l'un sur l'autre amassez,
Sçachant qu'il en falloit payer les pots cassez,
De rage, sans parler, je m'en mordois la levre;
Et n'est Job, de despit, qui n'en eust pris la chevre.
Car un limier boiteux, de galles damassé,
Qu'on avoit d'huile chaude et de souffre graissé:
Ainsi comme un verrat enveloppé de fange,
Quand sous le corcelet la crasse luy demange,
Se bouchonne par tont: de mesme en pareil cas
Ce rongneux Las-d'aller se frottoit à mes bas;
Et fust pour estriller ses galles et ses crottes,
De sa grace il graissa mes chausses pour mes bottes,
En si digne façon, que le frippier Martin,
Avec sa malle-tache, y perdroit son latin.
  Ainsi qu'en ce despit le sang m'eschauffoit l'ame,
Le monsieur, son pédant à son aide reclame,
Pour soudre l'argument; quand d'un sçavant parler
Il est qui fait la mouë aux chimeres en l'air.
Le pédant, tout fumeux de vin et de doctrine,
Respond, Dieu sçait comment. Le bon Jean se mutine;
Et sembloit que la gloire, en ce gentil assaut,
Fust à qui parleroit, non pas mieux, mais plus haut.
Ne croyez, en parlant, que l'un ou l'autre dorme.
Comment! vostre argument, dist l'un, n'est pas en forme.
L'autre, tout hors du sens: mais c'est vous, malautru,
Qui faites le sçavant, et n'estes pas congru:
L'autre: Monsieur le sot, je vous feray bien taire:
Quoy? comment, est-ce ainsi qu'on frape Despautere?
Quelle incongruité! vous mentez par les dents.
Mais vous. Ainsi ces gens à se picquer ardents,
S'en vindrent du parler, à tic tac, torche, lorgne;
Qui, casse le museau; qui, son rival éborgne;

Qui, jette un pain, un plat, une assiette, un conteau;
Qui, pour une rondache, empoigne un escabeau.
L'un faict plus qu'il ne peut, et l'autre plus qu'il n'ose.
Et, pense, en les voyant, voir la metamorphose,
Où les Centaures saouz, au bourg Atracien,
Voulurent, chauds de reins, faire nopces de chien,
Et cornus du bon pere, encorner le Lapithe,
Qui leur fist à la fin enfiler la guerite,
Quand avecque des plats, des treteaux, des tisons,
Par force les chassaut my-morts de ses maisons,
Il les fist gentiment, aprés la tragédie,
De chevaux devenir gros asnes d'Arcadie.
    Nos gens en ce combat n'estoient moins inhumains,
Car chacun s'escrimoit et des pieds et des mains:
Et, comme eux, tous sanglants en ces doctes alarmes,
La fureur aveuglée en main leur mist des armes.
Le bon Jean crie, Au meurtre! et ce docteur, Harault!
Le monsieur dict, Tout-beau! l'on appelle Girault.
A ce nom, voyant l'homme, et sa gentille trongne,
En memoire aussi tost me tomba la Gascongne:
Je cours à mon manteau, je descends l'escalier,
Et laisse avec ses gens monsieur le chevalier,
Qui vouloit mettre barre entre ceste canaille.
Ainsi, sans coup ferir, je sors de la bataille,
Sans parler de flambeau, ny sans faire autre bruit.
Croyez qu'il n'estoit pas, Ô nuict, jalouse nuict:
Car il sembloit qu'on eust aveuglé la nature;
Et faisoit un noir brun d'aussi bonne teinture,
Que jamais on en vit sortir des Gobelins.
Argus pouvoit passer pour un des Quinze-Vingts.
Qui pis-est, il pleuvoit d'une telle maniere,
Que les reins, par despit, me servoient de goutiere:
Et du haut des maisons tomboit un tel dégout,
Que les chiens alterez pouvoient boire debout.

Alors me remettant sur ma philosophie,
Je trouve qu'en ce monde il est sot qui se fie,
Et se laisse conduire ; et quant aux courtisants,
Qui, doucets et gentilz, font tant les suffisants,
Je trouve, les mettant en mesme patenostre,
Que le plus sot d'entr'eux est aussi sot qu'un autre.
Mais pource qu'estant là, je n'estois dans le grain,
Aussi que mon manteau la nuict craint le serain :
Voyant que mon logis estoit loin, et peut estre
Qu'il pourroit en chemin changer d'air et de maistre ;
Pour éviter la pluye, à l'abry de l'auvent,
J'allois doublant le pas, comme un qui fend le vent.
Quand bronchant lourdement en un mauvais passage,
Le ciel me fist joüer un autre personnage :
Car heurtant une porte, en pensant m'accoter,
Ainsi qu'elle obeyt, je vins à culbuter ;
Et s'ouvrant à mon heurt, je tombay sur le ventre.
On demande que c'est : je me releve, j'entre ;
Et voyant que le chien n'aboyoit point la nuict,
Que les verroux graissez ne faisoient aucun bruit,
Qu'on me rioit au nez, et qu'une chambriere
Vouloit monstrer ensemble et cacher la lumiere :
Je suis, je le voy bien.... Je parle. L'on respond ;
Où, sans fleurs du bien-dire, ou d'autre art plus profond,
Nous tombasmes d'accord. Le monde je contemple,
Et me trouve en un lieu de fort mauvais exemple.
Toutesfois il falloit, en ce plaisant mal-heur,
Mettre, pour me sauver, en danger mon honneur.
　　Puis donc que je suis là, et qu'il est pres d'une heure,
N'esperant pour ce jour de fortune meilleure,
Je vous laisse en repos, jusques à quelques jours,
Que, sans parler Phœbus, je feray le discours
De mon giste, où pensant reposer à mon aise,
Je tombé par mal-heur de la poisle en la braise.

SATYRE XI.

SUITTE.

Voyez que c'est du monde, et des choses humaines ;
Tousjours à nouveaux maux naissent nouvelles peines !
Et ne m'ont les destins, à mon dam trop constans,
Jamais, après la pluye, envoyé le beau temps.
Estant né pour souffrir, ce qui me reconforte,
C'est que, sans murmurer, la douleur je supporte ;
Et tire ce bon-heur du mal-heur où je suis,
Que je fais, en riant, bon visage aux ennuis ;
Que le ciel affrontant, je nazarde la lune,
Et voy, sans me troubler, l'une et l'autre fortune.
　Pour lors bien m'en vallut : car contre ces assauts,
Qui font, lors que j'y pense, encor que je tressauts :
Pétrarque, et son remède, y perdant sa rondache,
En eust, de marisson, ploré comme une vache.
　Outre que de l'object la puissance s'esmeut,
Moy qui n'ay pas le nez d'estre Jean qui ne peut,
Il n'est mal dont le sens la nature resveille,
Qui ribaut ne me prist ailleurs que par l'oreille.
Entré doncq' que je fus en ce logis d'honneur,
Pour faire que d'abord on me traitte en seigneur,
Et me rendre en amour d'autant plus agréable ;
La bourse desliant, je mis piéce sur table ;
Et guarissant leur mal du premier appareil,
Je fis dans un escu reluire le soleil.
De nuict dessus leur front la joye estincelante,
Monstroit en son midy que l'âme estoit contente.
Deslors, pour me servir, chacun se tenoit prest,
Et murmuroient tout bas : l'honneste homme que c'est !
Toutes, à qui mieux mieux, s'efforçoient de me plaire.
L'on allume du feu, dont j'avois bien affaire.

Je m'aproche, me sieds, et m'aidant au besoing,
Ja tout apprivoisé je mangeois sur le poing.
Quand au flamber du feu, trois vieilles rechignées
Vinrent à pas contez, comme des airignées :
Chacune sur le cul au foyer s'accropit,
Et sembloient, se plaignant, marmoter par despit.
L'une, comme un fantosme, affreusement hardie,
Sembloit faire l'entrée en quelque tragédie ;
L'autre, une Egyptienne, en qui les rides font
Contre-escarpes, rampards, et fosses sur le front ;
L'autre, qui de soy-mesme estoit diminutive,
Ressembloit, transparente, une lanterne vive,
Dont quelque paticier amuse les enfans,
Où des oysons bridez, guenuches, élefans,
Chiens, chats, liévres, renards, et mainte estrange beste,
Courent l'une apres l'autre : ainsi dedans sa teste
Voyoit-on clairement au travers de ses os,
Ce dont sa fantaisie animoit ses propos :
Le regret du passé, du présent la misere,
La peur de l'advenir, et tout ce qu'elle espere
Des biens que l'hypocondre en ses vapeurs promet,
Quand l'humeur, ou le vin, luy barboüillent l'armet.
L'une se plaint des reins, et l'autre d'un côtaire ;
L'autre du mal des dents : et, comme en grand mystere,
Avec trois brins de sauge, une figue d'antan,
Un *va-t'en si tu peux*, un *si tu peux va-t'en*,
Escrit en peau d'oignon, entouroit sa machoire :
Et toutes, pour garir, se reforçoient de boire.
   Or j'ignore en quel champ d'honneur et de vertu,
Ou dessous quels drapeaux elles ont combatu ;
Si c'estoit mal de sainct, ou de fiévre-quartaine ;
Mais je sçay bien qu'il n'est soldat ni capitaine,
Soit de gens de cheval, ou soit de gens de pié,
Qui dans la charité soit plus estropié.

Bien que maistre Denis, sçavant en la sculture,
Fist il, avec son art, quinaude la nature;
Ou, comme Michel l'Ange, eust-il le diable au corps,
Si ne pourroit-il faire, avec tous ses efforts,
De ces trois corps tronquez une figure entière,
Manquant à cet effect, non l'art, mais la matiere.
  En tout elles n'avoient seulement que deux yeux,
Encore bien flétris, rouges et chassieux;
Que la moitié d'un nez, que quatre dents en bouche,
Qui durant qu'il fait vent, branlent sans qu'on les touche.
Pour le reste, il estoit comme il plaisoit à Dieu.
En elles la santé n'avoit ny feu ny lieu:
Et chacune, à par-soy, représentoit l'idole,
Des fievres, de la peste, et de l'ordre verolle.
  A ce piteux spectacle, il faut dire le vray,
J'eus une telle horreur, que tant que je vivray,
Je croiray qu'il n'est rien au monde qui garisse
Un homme vicieux, comme son propre vice.
  Toute chose depuis me fut à contre-cœur;
Bien que d'un cabinet sortist un petit cœur,
Avec son chapperon, sa mine de poupée,
Disant: j'ay si grand peur de ces hommes d'espée,
Que si je n'eusse veu qu'estiez un financier,
Je me fusse plustost laissé crucifier,
Que de mettre le nez où je n'ay rien affaire.
Jean mon mary, monsieur, il est apoticaire.
Sur tout, vive l'amour; et bran pour les sergens.
Ardez, voire, c'est-mon: je me cognois en gens.
Vous estes, je voy bien, grand abbateur de quilles;
Mais au reste, honneste homme, et payez bien les filles.
Cognoissez-vous?.... mais non, je n'ose le nommer.
Ma foy, c'est un brave homme, et bien digne d'aymer.
Il sent tousjours si bon. Mais quoy! vous l'iriez dire.
  Cependant, de despit, il semble qu'on me tire

Par la queuë un matou, qui m'escrit sur les reins,
Des griffes et des dents mille alibis forains :
Comme un singe fasché j'en dy ma patenostre ;
De rage je maugrée et le mien et le vostre,
Et le noble vilain qui m'avoit attrapé.
Mais, monsieur, me dist-elle, aurez-vous point soupé?
Je vous pry', notez l'heure; et bien, que vous en semble?
Estes-vous pas d'avis que nous couchions ensemble?
Moy-, crotté jusqu'au cul, et moüillé jusqu'à l'os,
Qui n'avois dans le lict besoin que de repos :
Je faillis à me pendre, oyant que ceste lice
Effrontément ainsi me présentoit la lice.
On parle de dormir, j'y consens à regret.
La dame du logis me meine au lieu secret.
Allant, on m'entretient de Jeanne et de Macette ;
Par le vray Dieu, que Jeanne estoit et claire et nette,
Claire comme un bassin, nette comme un denier.
Au reste, fors monsieur, que j'estois le premier.
Pour elle, qu'elle estoit niepce de dame Avoye ;
Qu'elle feroit pour moy de la fauce monnoye ;
Qu'elle eust fermé sa porte à tout autre qu'à moy ;
Et qu'elle m'aymoit plus mille fois que le roy.
Estourdy de cacquet, je feignois de la croire.
Nous montons, et montans, d'un *c'est-mon*, et d'un *voire*,
Doucement en riant j'apointois noz procez.
La montée estoit torte, et de fascheux accez;
Tout branloit dessous nous, jusqu'au dernier estage.
D'eschelle en eschelon, comme un linot en cage,
Il falloit sauteller, et des pieds s'approcher,
Ainsi comme une chévre en grimpant un rocher.
Apres cent saubre-sauts nous vinsmes en la chambre,
Qui n'avoit pas le goust de musc, civette, ou d'ambre.
La porte en estoit basse, et sembloit un guichet,
Qui n'avoit pour serrure autre engin qu'un crochet.

Six douves de poinçon servoient d'aix et de barre,
Qui bâillant grimassoient d'une façon bizarre;
Et pour se reprouver de mauvais entretien,
Chacune par grandeur se tenoit sur le sien;
Et loin l'une de l'autre, en leur mine alterée,
Monstroient leur saincte vie estroite et retirée.
Or, comme il plut au ciel, en trois doubles plié,
Entrant je me heurté la caboche et le pié,
Dont je tombe en arriere, estourdi de ma cheute,
Et du haut jusqu'au bas je fis la cullebutte:
De la teste et du cul contant chaque degré.
Puis que Dieu le voulut, je prins le tout à gré.
Aussi qu'au mesme temps voyant choir ceste dame,
Par je ne sçay quel trou je luy vis jusqu'à l'ame,
Qui fist, en ce beau sault, m'esclatant comme un fou,
Que je prins grand plaisir à me rompre le cou.
Au bruit Macette vint: la chandelle on apporte;
Car la nostre en tombant de frayeur estoit morte.
Dieu sçait comme on la veid et derrière et devant,
Le nez sur les carreaux, et le fessier au vent;
De quelle charité l'on soulagea sa peine.
Cependant de son long, sans poulx, et sans haleine,
Le museau vermolu, le nez escarboüillé,
Le visage de poudre et de sang tout soüillé,
Sa teste descouverte, où l'on ne sçait que tondre,
Et lors qu'on luy parloit, qui ne pouvoit respondre;
Sans collet, sans beguin, et sans autre affiquet,
Ses mules d'un costé, de l'autre son tocquet.
En ce plaisant mal-heur, je ne sçaurois vous dire
S'il en falloit pleurer, ou s'il en falloit rire.
Apres ceste accident, trop long pour dire tout,
A deux bras on la prend, et la met-on debout.
Elle reprend courage, elle parle, elle crie,
Et changeant, en un rien, sa douleur en furie,

Dict à Jeanne, en mettant la main sur le roignon :
C'est, malheureuse, toy, qui me porte guignon.
A d'autres beaux discours la collere la porte.
Tant que Macette peut, elle la reconforte.
Cependant je la laisse ; et, la chandelle en main ,
Regrimpant l'escalier, je suy mon vieux dessein.
J'entre dans ce beau lieu , plus digne de remarque
Que le riche palais d'un superbe monarque.
Estant là , je furette aux recoins plus cachez ,
Où le bon Dieu voulut que, pour mes vieux pechez ,
Je sceusse le despit dont l'ame est forcenée ,
Lors que , trop curieuse , ou trop endemenée ,
Rodant de tous costez , et tournant haut et bas ,
Elle nous fait trouver ce qu'on ne cherche pas.
    Or , en premier item , sous mes pieds je rencontre
Un chaudron ébresché, la bourse d'une montre ,
Quatre boëtes d'unguents, une d'alun bruslé ,
Deux gants despariez , un manchon tout pelé ;
Trois fiolles d'eau bleuë , autrement d'eau seconde ,
La petite seringue , une esponge , une sonde ,
Du blanc , un peu de rouge , un chifon de rabat ,
Un balet, pour brusler en allant au sabat ;
Une vieille lanterne , un tabouret de paille ,
Qui s'estoit sur trois pieds sauvé de la bataille ;
Un barril défoncé , deux bouteilles sur-cu ,
Qui disoient, sans goulet, nous avons trop vescu ;
Un petit sac, tout plein de poudre de mercure ,
Un vieux chapperon gras de mauvaise teinture ;
Et dedans un coffret qui s'ouvre avecq' enhan ,
Je trouve des tisons du feu de la sainct Jean ,
Du sel , du pain benit , de la feugere , un cierge ,
Trois dents de mort , pliez en du parchemin vierge ;
Une chauve-souris , la carcasse d'un geay ,
De la graisse de loup , et du beurre de may.

Sur ce point, Jeanne arrive, et faisant la doucette :
Qui vit ceans, ma foy, n'a pas besongne faite,
Tousjours à nouveau mal nous vient nouveau soucy ;
Je ne sçay, quant à moy, quel logis c'est icy :
Il n'est, par le vray Dieu, jour ouvrier ny feste,
Que ces carongnes-là ne me rompent la teste.
Bien, bien, je m'en iray, si tost qu'il sera jour.
On trouve dans Paris d'autres maisons d'amour.

Je suis là, cependant, comme un que l'on nazarde.
Je demande que c'est ? hé ! n'y prenez pas garde,
Ce me respondit-elle ; on n'auroit jamais fait.
Mais bran, bran, j'ay laissé là-bas mon attifet.
Tousjours apres soupper ceste vilaine crie.
Monsieur, n'est-il pas temps ? couchons nous, je vous prie.

Cependant elle met sur la table les dras,
Qu'en bouchons tortillez elle avoit sous les bras.
Elle approche du lict, fait d'une estrange sorte :
Sur deux treteaux boiteux se couchoit une porte,
Où le lict reposoit, aussi noir qu'un souillon.
Un garde-robe gras servoit de pavillon ;
De couverte un rideau, qui fuyant (vert et jaune)
Les deux extremitez, estoit trop court d'une aune.

Ayant consideré le tout de point en point,
Je fis vœu ceste nuict de ne me coucher point,
Et de dormir sur pieds comme un coq sur la perche.
Mais Jeanne tout en rut, s'approche et me recherche
D'amour, ou d'amitié, duquel qu'il vous plaira.
Et moy : maudit soit-il, m'amour, qui le fera.
Polyenne pour lors me vint en la pensée,
Qui sceut que vaut la femme en amour offensée,
Lors que, par impuissance, ou par mespris, la nuict,
On fausse compagnie, ou qu'on manque au desduict.
C'est pourquoy j'eus grand peur qu'on me troussast en
       malle,

Qu'on me foüetast, pour voir si j'avois point la galle,
Qu'on me crachast au nez, qu'en perche on me le mist,
Et que l'on me berçast si fort qu'on m'endormist;
Ou me baillant du *Jean*, *Jeanne vous remercie*,
Qu'on me tabourinast le cul d'une vessie.
Cela fut bien à craindre, et si je l'evité,
Ce fut plus par bon-heur que par dextérité.
Jeanne, non moins que Circe, entre ses dents murmure,
Sinon tant de vengeance, au moins autant d'injure.
    Or pour flater enfin son mal-heur et le mien,
Je dis : quand je fais mal, c'est quand je paye bien;
Et faisant réverence à ma bonne fortune,
En la remerciant, je le conté pour une.
Jeanne, rongeant son frein, de mine s'apaisa,
Et prenant mon argent, en riant me baisa :
Non, pour ce que j'en dis, je n'en parle pas, voire,
Mon maistre, pensez-vous? j'entends bien le grimoire;
Vous estes honneste homme, et sçavez l'entre-gent.
Mais, monsieur, croyez-vous que ce soit pour l'argent?
J'en fais autant d'estat comme de chenevottes.
Non, ma foy, j'ay encore un demy-ceint, deux cottes,
Une robe de serge, un chapperon, deux bas,
Trois chemises de lin, six mouchoirs, deux rabats;
Et ma chambre garnie auprès de Sainct Eustache.
Pourtant, je ne veux pas que mon mary le sçache.
Disant cecy, tousjours son lict elle brassoit,
Et les linceuls trop cours par les pieds tirassoit,
Et fist à la fin tant, par sa façon adroite,
Qu'elle les fist venir à moitié de la coite.
Dieu sçait quels lacs d'amour, quels chiffres, quelles fleurs,
De quels compartiments, et combien de couleurs,
Relevoient leur maintien, et leur blancheur naïfve,
Blanchie en un sivé, non dans une lescive.
    Comme son lict est faict, que ne vous couchez-vous?

Monsieur, n'est-il pas temps? et moy de filer dous.
Sur ce point elle vient, me prend et me détache,
Et le pourpoint du dos par force elle m'arrache,
Comme si nostre jeu fust au roy despoüillé.
J'y resiste pourtant, et d'esprit embroüillé,
Comme par compliment je tranchois de l'honneste,
N'y pouvant rien gaigner, je me gratte la teste.
A la fin je pris cœur, résolu d'endurer
Ce qui pouvoit venir, sans me desesperer.
Qui fait une follie, il la doit faire entiere,
Je détache un soulier, je m'oste une jartiere :
Froidement toutesfois ; et semble en ce coucher,
Un enfant qu'un pedant contraint se détacher,
Que la peur tout ensemble esperonne et retarde :
A chacune esguillette il se fasche, et regarde,
Les yeux couvers de pleurs, le visage d'ennuy,
Si la grace du ciel ne descend point sur luy.

   L'on heurte sur ce point, Catherine on appelle.
Jeanne, pour ne respondre, esteignit la chandelle.
Personne ne dit mot. L'on refrappe plus fort,
Et faisoit-on du bruit pour réveiller un mort.
A chaque coup de pied toute la maison tremble,
Et semble que le feste à la cave s'assemble.
Bagasse, ouvriras-tu? C'est cestuy-cy, c'est-mon.
Jeanne, ce temps-pendant, me faisoit un sermon.
Que diable aussi, pourquoy? que voulez-vous qu'on fasse?
Que ne vous couchiez-vous? Ces gens, de la menace
Venant à la priere, essayoient tout moyen.
Ore ilz parlent soldat, et ores citoyen.
Ils contre-font le guet, et de voix magistrale :
Ouvrez, de par le roy. Au diable un qui devale !
Un chacun, sans parler, se tient clos et couvert.
   Or, comme à coups de pieds l'huis s'estoit presque ouvert,
Tout de bon le guet vint. La quenaille fait Gille.

Et moy, qui jusques là demeurois immobile,
Attendant estonné le succez de l'assaut,
Ce pensé-je, il est temps que je gaigne le haut.
Et troussant mon pacquet, de sauver ma personne.
Je me veux r'habiller, je cherche, je tastonne,
Plus estourdy de peur que n'est un hanneton.
Mais quoy ? plus on se haste et moins avance t'on.
Tout, comme par despit, se trouvoit sous ma pate.
Au lieu de mon chappeau je prens une savate ;
Pour mon pourpoint ses bas, pour mes bas son collet ;
Pour mes gands ses souliers, pour les miens un ballet.
Il sembloit que le diable eust fait ce tripotage.
Or Jeanne me disoit, pour me donner courage,
Si mon compere Pierre est de garde aujourd'huy,
Non, ne vous faschez point, vous n'aurez point d'ennuy.
Cependant, sans délay, messieurs frapent en maistre.
On crie : patience ; on ouvre la fenestre.
   Or, sans plus m'amuser apres le contenu,
Je descends doucement, pied chaussé, l'autre nu ;
Et me tapis d'aguet derriere une muraille.
On ouvre, et brusquement entra cette quenaille,
En humeur de nous faire un assez mauvais tour.
Et moy, qui ne leur dis ny bon soir, ny bon jour,
Les voyant tous passez, je me sentis alaigre,
Lors, dispos du talon, je vais comme un chat maigre,
J'enfile la venelle ; et tout léger d'effroy,
Je cours un fort long temps sans voir derriere moy ;
Jusqu'à tant que, trouvant du mortier, de la terre,
Du bois, des estançons, maints platras, mainte pierre,
Je me sentis plustost au mortier embourbé,
Que je m'aperceus que je fusse tombé.
   On ne peut esviter ce que le ciel ordonne.
Mon ame cependant de colere frissonne ;
Et prenant, s'elle eust peu, le destin à party,

De despit, à son nez, elle l'eust démenty ;
Et m'asseure qu'il eust réparé mon dommage.
Comme je fus sus pieds, enduit comme une image,
J'entendis qu'on parloit ; et marchant à grands pas,
Qu'on disoit : bastons-nous, je l'ai laissé fort bas.
Je m'aproche, je voy, desireux de cognoistre ;
Au lieu d'un médecin, il luy faudroit un prestre,
Dict l'autre, puis qu'il est si proche de sa fin.
Comment, dict le valet, estes vous medecin ?
Monsieur, pardonnez moy, le curé je demande.
Il s'en court, et disant, à Dieu me recommande,
Il laisse là monsieur, fasché d'estre deceu.
Or comme, allant tousjours, de prés je l'aperceu ;
Je cogneu que c'estoit notre amy ; je l'aproche,
Il me regarde au nez, et riant me reproche :
Sans flambeau, l'heure indeuë ! et de près me voyant,
Fangeux comme un pourceau, le visage effroyant,
Le manteau sous le bras, la façon assoupie :
Estes-vous travaillé de la licantropie ?
Dist-il en me prenant pour me taster le pous.
Et vous, di-je, monsieur, quelle fiévre avez vous ?
Vous qui tranchez du sage, ainsi parmi la ruë !
Faites vous sus un pied toute la nuict la gruë ?
Il voulut me conter comme on l'avoit pipé,
Qu'un valet, du sommeil, ou de vin occupé,
Sous couleur d'aller voir une femme malade,
L'avoit galentement payé d'une cassade.
Il nous faisoit bon voir tous deux bien estonnez,
Avant jour par la ruë, avecq' un pied de nez ;
Luy, pour s'estre levé, esperant deux pistoles,
Et moy, tout las d'avoir receu tant de bricollés.
Il se met en discours, je le laisse en riant ;
Aussi que je voyois aux rives d'Oriant,
Que l'aurore s'ornant de saffran et de roses,

Se faisant voir à tous, faisoit voir toutes choses :
Ne voulant, pour mourir, qu'une telle beauté
Me vist, en se levant, si sale et si croté,
Elle qui ne m'a veu qu'en mes habits de feste.
Je cours à mon logis, je heurte, je tempeste,
Et croyez à frapper que je n'estois perclus.
On m'ouvre, et mon valet ne me recognoist plus.
Monsieur n'est pas ici ; que diable ! à si bonne heure !
Vous frappez comme un sourd. Quelque temps je demeure.
Je le vois, il me voit, et demande, estonné,
Si le moine bouru m'avoit point promené.
Dieu ! comme estes vous fait ? Il va : moy de le suivre;
Et me parle en riant, comme si je fusse yvre :
Il m'allume du feu, dans mon lict je me mets,
Avec vœu, si je puis, de n'y tomber jamais,
Ayant à mes despens appris ceste sentence :
Qui gay fait une erreur, la boit à repentance ;
Et que quand on se frotte avecq' les courtisans,
Les branles de sortie en sont fort desplaisans.
Plus on penetre en eux, plus on sent le remeugle.
Et qui, troublé d'ardeur, entre au bordel aveugle,
Quand il en sort il a plus d'yeux, et plus aigus,
Que Lyncé l'Argonaute ou le jaloux Argus.

A M. FRÉMINET.

SATYRE XII.

On dit que le grand peintre ayant fait un ouvrage,
Des jugemens d'autruy tiroit cest avantage,
Que selon qu'il jugeoit qu'ils estoient vrais ou faux,
Docile à son profit, réformoit ses défaux.
Or c'estoit du bon temps que la hayne et l'envie,
Par crimes supposez n'attentoient à la vie ;
Que le vray du propos estoit cousin germain,

8

Et qu'un chacun parloit le cœur dedans la main.
  Mais que serviroit-il maintenant de prétendre
S'amender par ceux-là qui nous viennent reprendre,
Si selon l'interest tout le monde discourt,
Et si la vérité n'est plus femme de court;
S'il n'est bon courtisan, tant frisé peut il estre,
S'il a bon apetit, qu'il ne jure à son maistre,
Dés la pointe du jour, qu'il est midy sonné,
Et qu'au logis du roy tout le monde a disné?
Estrange effronterie en si peu d'importance!
Mais de ce costé-là je leur donrois quittance,
S'ils vouloient s'obliger d'espargner leurs amis,
Où, par raison d'estat, il leur est bien permis.
  Cecy pourroit suffire à refroidir une ame
Qui n'ose rien tenter pour la crainte du blasme;
A qui la peur de perdre enterre le talent:
Non pas moy, qui me ry d'un esprit nonchalent,
Qui, pour ne faillir point, retarde de bien faire.
C'est pourquoi maintenant je m'expose au vulgaire,
Et me donne pour butte aux jugemens divers.
Qu'un chacun taille, rongne et glose sur mes vers;
Qu'un resveur insolent d'ignorance m'acuse,
Que je ne suis pas net, que trop simple est ma muse,
Que j'ai l'humeur bizarre, inesgal le cerveau,
Et, s'il luy plaist encor', qu'il me relie en veau.
  Avant qu'aller si viste, au moins je le suplie
Sçavoir que le bon vin ne peut estre sans lie;
Qu'il n'est rien de parfait en ce monde aujourd'huy;
Qu'homme, je suis suject à faillir comme luy;
Et qu'au surplus, pour moy, qu'il se face paroistre
Aussi vray que pour luy je m'efforce de l'estre.
  Mais sçais-tu, Fréminet, ceux qui me blasmeront?
Ceux qui dedans mes vers leurs vices trouveront;
A qui l'ambition la nuict tire l'oreille,

De qui l'esprit avare en repos ne sommeille,
Tousjours s'alembiquant apres nouveaux partis,
Qui pour Dieu, ny pour loy, n'ont que leurs appetis ;
Qui rodent toute nuict, troublez de jalousie,
A qui l'amour lascif regle la fantaisie,
Qui preferent, vilains, le profit à l'honneur,
Qui par fraude ont ravy les terres d'un mineur.

Telles sortes de gens vont apres les poëtes,
Comme apres les hiboux vont criant les chuettes.
Leurs femmes vous diront : Fuyez ce mesdisant,
Fâcheuse est son humeur, son parler est cuisant.
Quoy, monsieur, n'est-ce pas cest homme à la satyre,
Qui perdroit son amy plustost qu'un mot pour rire?
Il emporte la piece ; et c'est là, de par-Dieu,
(Ayant peur que ce soit celle-là du milieu)
Où le soulier les blesse; autrement je n'estime
Qu'aucune eust volonté de m'accuser de crime.

Car pour elles, depuis qu'elles viennent au point,
Elles ne voudroient pas que l'on ne le sceust point.
Un grand contentement mal-aisément se celle.
Puis c'est des amoureux la regle universelle,
De deferer si fort à leur affection,
Qu'ils estiment honneur leur folle passion.

Et quant est de l'honneur de leurs maris, je pense
Qu'aucune à bon escient n'en prendroit la deffence,
Sçachant bien qu'on n'est pas tenu, par charité,
De leur donner un bien qu'elles leur ont osté.

Voilà le grand-mercy que j'auray de mes peines.
C'est le cours du marché des affaires humaines,
Qu'encores qu'un chacun vaille icy bas son pris,
Le plus cher toutesfois est souvent à mespris.

Or, amy, ce n'est point une humeur de médire
Qui m'ait fait rechercher ceste façon d'écrire :
Mais mon pere m'apprit que, des enseignements,

Les humains aprentifs formoient leurs jugements ;
Que l'exemple d'autruy doibt rendre l'homme sage :
Et guettant à propos les fautes au passage ,
Me disoit : considere où cest homme est réduict
Par son ambition. Cest autre toute nuict
Boit avec des putains , engage son domaine.
L'autre sans travailler , tout le jour se promeine.
Pierre le bon enfant aux dez a tout perdu,
Ces jours le bien de Jean par decret fut vendu.
Claude ayme sa voisine , et tout son bien luy donne.
Ainsi me mettant l'œil sur chacune personne ,
Qui valloit quelque chose , ou qui ne valloit rien ,
M'apprenoit doucement , et le mal et le bien ;
Affin que fuyant l'un , l'autre je recherchasse ,
Et qu'aux despens d'autruy sage je m'enseignasse.
　Sçais-tu si ces propos me sçeurent esmouvoir ,
Et contenir mon ame en un juste devoir !
S'ils me firent penser à ce que l'on doit suivre,
Pour bien et justement en ce bas monde vivre !
　Ainsi que d'un voisin le trespas survenu,
Fait résoudre un malade en son lict détenu
A prendre malgré luy tout ce qu'on luy ordonne,
Qui , pour ne mourir point , de crainte se pardonne.
De mesme les esprits debonnaires et doux,
Se façonnent prudens , par l'exemple des foux ;
Et le blasme d'autruy leur fait ces bons offices ,
Qu'il leur aprend que c'est de vertus et de vices.
　Or , quoy que j'aye fait , si m'en sont-ils restez ,
Qui me pourroient par l'âge à la fin estre ostez,
Ou bien de mes amis avec la remonstrance ,
Ou de mon bon démon suivant l'intelligence.
Car , quoy qu'on puisse faire, estant homme, on ne peut,
Ny vivre comme on doit, ny vivre comme on veut.
En la terre icy-bas il n'habite point d'anges :

Or les moins vicieux meritent des loüanges,
Qui, sans prendre l'autruy, vivent en bon chrestien,
Et sont ceux qu'on peut dire et saincts et gens de bien.
  Quand je suis à par moy, souvent je m'estudie,
(Tant que faire se peut) apres la maladie
Dont chacun est blessé : je pense à mon devoir,
J'ouvre les yeux de l'ame, et m'efforce de voir
Au travers d'un chacun ; de l'esprit je m'escrime,
Puis dessus le papier mes caprices je rime,
Dedans une satyre, où, d'un œil doux-amer,
Tout le monde s'y voit, et ne s'y sent nommer.
  Voyla l'un des pechez où mon ame est encline.
On dit que pardonner est une œuvre divine.
Celuy m'obligera qui voudra m'excuser ;
A son goust toutesfois chacun en peut user.
Quant à ceux du mestier, ils ont dequoy s'ébatre :
Sans aller sur le pré, nous nous pouvons combatre,
Nous monstrant seulement de la plume ennemis.
En ce cas là, du roy les duëls sont permis :
Et faudra que bien forte ils facent la partie,
Si les plus fins d'entr'eux s'en vont sans repartie.
  Mais c'est un satyrique, il le faut laisser là.
Pour moy j'en suis d'avis, et cognois à cela
Qu'ils ont un bon esprit. Corsaires à corsaires,
L'un l'autre s'attaquant, ne font pas leurs affaires.

MACETTE.

SATYRE XIII.

La fameuse Macette, à la cour si connuë,
Qui s'est aux lieux d'honneur en crédit maintenuë,
Et qui depuis dix ans, jusqu'en ses derniers jours,
A soustenu le prix en l'escrime d'amours ;
Lasse en fin de servir au peuple de quintaine,

8.

N'estant passe-volant, soldat, ny capitaine,
Depuis les plus chetifs jusques aux plus fendans,
Qu'elle n'ait desconfit et mis dessus les dents;
Lasse, di-je, et non soule, en fin s'est retirée,
Et n'a plus autre objet que la voute etherée.
Elle qui n'eust, avant que plorer son délit,
Autre ciel pour objet que le ciel de son lict;
A changé de courage, et confitte en destresse,
Imite avec ses pleurs la saincte pécheresse,
Donnant des sainctes loix à son affection;
Elle a mis son amour à la devotion.
Sans art elle s'habille, et simple en contenance,
Son teint mortifié presche la continence.
Clergesse elle fait jà la leçon aux prescheurs :
Elle lit sainct Bernard, la Guide des Pécheurs,
Les Meditations de la mere Therese,
Sçait que c'est qu'hypostase, avecque synderese;
Jour et nuict elle va de convent en convent,
Visite les saincts lieux, se confesse souvent;
A des cas réservez grandes intelligences;
Sçait du nom de Jésus toutes les indulgences;
Que valent chapelets, grains benits enfilez,
Et l'ordre du cordon des peres Récollez.
Loin du monde elle fait sa demeure et son giste :
Son œil tout pénitent ne pleure qu'eau beniste.
En fin c'est un exemple, en ce siecle tortu,
D'amour, de charité, d'honneur et de vertu.
Pour béate par tout le peuple la renomme,
Et la gazette mesme a des-ja dit à Rome,
La voyant aymer Dieu, et la chair maistriser,
Qu'on n'attend que sa mort pour la canoniser.
Moy mesme, qui ne croy de léger aux merveilles,
Qui reproche souvent mes yeux et mes oreilles,
La voyant si changée en un temps si subit,

Je creu qu'elle l'estoit d'ame comme d'habit ;
Que Dieu la retiroit d'une faute si grande ;
Et disois à par moy : mal vit qui ne s'amende.
Ja des-ja tout desvot, contrit et pénitent,
J'estois, à son exemple, esmeu d'en faire autant :
Quand, par arrest du ciel qui hait l'hypocrisie,
Au logis d'une fille, où j'ay ma fantasie,
Ceste vieille chouette, à pas lents et posez,
La parole modeste, et les yeux composez,
Entra par reverence, et resserrant la bouche,
Timide en son respect, sembloit sainte Nitouche,
D'un *Ave Maria* luy donnant le bon-jour,
Et de propos communs, bien esloignez d'amour,
Entretenoit la belle en qui j'ay la pensée
D'un doux imaginer si doucement blessée,
Qu'aymans et bien aymez, en nos doux passe-temps,
Nous rendons en amour jaloux les plus contens.
Enfin, comme en caquet ce vieux sexe fourmille,
De propos en propos, et de fil en esguille,
Se laissant emporter au flus de ses discours,
Je pense qu'il falloit que le mal eust son cours.
Feignant de m'en aller, d'aguet je me recule,
Pour voir à quelle fin tendoit son préambule :
Moy, qui voyant son port si plein de saincteté,
Pour mourir, d'aucun mal ne me feusse doubté.
Enfin me tapissant au recoin d'une porte,
J'entendy son propos, qui fut de cette sorte.
Ma fille, Dieu vous garde et vous vueille benir ;
Si je vous veux du mal, qu'il me puisse advenir ;
Qu'eussiez vous tout le bien dont le ciel vous est chiche ;
L'ayant je n'en seroy plus pauvre ny plus riche :
Car n'estant plus du monde au bien je ne pretens,
Ou bien si j'en desire, en l'autre je l'attens,
D'autre chose icy bas, le bon Dieu je ne prie :

A propos, sçavez vous? on dit qu'on vous marie.
Je sçay bien vostre cas : un homme grand, adroit,
Riche, et Dieu sçait s'il a tout ce qu'il vous faudroit.
Il vous ayme si fort ! aussi pourquoy, ma fille,
Ne vous aimeroit il? vous estes si gentille,
Si mignonne et si belle, et d'un regard si doux,
Que la beauté plus grande est laide auprès de vous.
Mais tout ne respond pas au traict de ce visage
Plus vermeil qu'une rose et plus beau qu'un rivage.
Vous devriez, estant belle, avoir de beaux habits,
Esclater de satin, de perles, de rubis.
Le grand regret que j'ay! non pas, à Dieu ne plaise,
Que j'en ay' de vous voir belle et bien à vostre aise :
Mais pour moy je voudroy que vous eussiez au moins
Ce qui peut en amour satisfaire à vos soins ;
Que cecy fust de soye et non pas d'estamine.
Ma foy les beaux habits servent bien à la mine.
On a beau s'agencer et faire les doux yeux,
Quand on est bien parée, on en est tousjours mieux :
Mais, sans avoir du bien, que sert la renommée?
C'est une vanité confusément semée
Dans l'esprit des humains, un mal d'opinion,
Un faux germe avorté dans nostre affection.
Ces vieux contes d'honneur dont on repaist les dames,
Ne sont que des appas pour les débiles ames,
Qui, sans chois de raison, ont le cerveau perclus.
L'honneur est un vieux sainct que l'on ne chomme plus.
Il ne sert plus de rien, sinon d'un peu d'excuse,
Et de sot entretien pour ceux là qu'on amuse,
Ou d'honneste refus quand on ne veut aymer.
Il est bon en discours pour se faire estimer :
Mais au fonds, c'est abus sans excepter personne.
Là sage le sçait vendre où la sotte le donne.
    Ma fille, c'est par là qu'il vous en faut avoir.

Nos biens, comme nos maux, sont en nostre pouvoir.
Fille qui sçait son monde a saison oportune.
Chacun est artisan de sa bonne fortune.
Le mal-heur, par conduite, au bon-heur cedera.
Aydez-vous seulement, et Dieu vous aydera.
Combien, pour avoir mis leur honneur en sequestre,
Ont elles en velours eschangé leur limestre,
Et dans les plus hauts rangs eslevé leurs maris ?
Ma fille, c'est ainsi que l'on vit à Paris ;
Et la vefve, aussi bien comme la mariée,
Celle est chaste, sans plus, qui n'en est point priée.
Toutes, au fait d'amour, se chaussent en un poinct ;
Et Jeanne que tu vois, dont on ne parle point,
Qui fait si doucement la simple et la discrete,
Elle n'est pas plus sage, ains elle est plus secrete.
Elle a plus de respect, non moins de passion,
Et cache ses amours sous sa discretion.
Moy mesme, croiriez vous, pour estre plus âgée,
Que ma part, comme on dit, en fust desja mangée?
Non ma foy, je me sents et dedans et dehors,
Et mon bas peut encor user deux ou trois corps.
Mais chasque âge a son temps. Selon le drap la robe.
Ce qu'un temps on a trop, en l'autre on le desrobe.
Estant jeune, j'ay sceu bien user des plaisirs :
Ores j'ay d'autres soins en semblables desirs.
Je veux passer mon temps et couvrir le mystere.
On trouve bien la cour dedans un monastere ;
Et après maint essay en fin j'ay reconnu
Qu'un homme comme un autre est un moine tout nu.
Puis, outre le sainct vœu qui sert de couverture,
Ils sont trop obligez au secret de nature,
Et sçavent plus discrets apporter en aymant,
Avecque moins d'esclat, plus de contentement.
C'est pourquoy desguisant les boüillons de mon ame,

D'un long habit de cendre envelopant ma flame,
Je cache mon dessein aux plaisirs adonné.
Le peché que l'on cache est demi pardonné.
La faute seullement ne gist en la deffence.
Le scandale, l'opprobre, est cause de l'offence.
Pourveu qu'on ne le scache, il n'importe comment.
Qui peut dire que non, ne pèche nullement.
Puis, la bonté du ciel nos offences surpasse.
Pourveu qu'on se confesse, on a tousjours sa grace.
Il donne quelque chose à nostre passion ;
Et qui jeune n'a pas grande devotion,
Il faut que, pour le monde, à la feindre il s'exerce.
« C'est entre les devots un estrange commerce,
» Un trafic par lequel, au joly temps qui court,
» Toute affaire fascheuse est facile à la cour : »
Je sçay bien que vostre âge encore jeune et tendre,
Ne peut, ainsi que moy, ces mysteres comprendre :
Mais vous devriez, ma fille, en l'âge où je vous voy,
Estre riche, contente, avoir fort bien dequoy ;
Et pompeuse en habits, fine, accorte et rusée,
Reluire de joyaux, ainsi qu'une espousée.
Il faut faire vertu de la necessité.
Qui sçait vivre icy bas n'a jamais pauvreté.
Puis qu'elle vous deffend des dorures l'usage,
Il faut que les brillants soient en vostre visage ;
Que vostre bonne grace en acquiere pour vous.
« Se voir du bien, ma fille, il n'est rien de si doux.
» S'enrichir de bonne heure est une grand' sagesse.
» Tout chemin d'acquerir se ferme à la vieillesse,
» A qui ne reste rien, avec la pauvreté,
» Que regret espineux d'avoir jadis esté. »
Où, lors qu'on a du bien, il n'est si décrepite,
Qui ne trouve (en donnant) couvercle à sa marmite.
Non, non, faites l'amour, et vendez aux amans

Vos accueils, vos baisers, et vos embrassemens.
C'est gloire, et non pas honte, en ceste douce peine,
Des acquests de son lict accroistre son domaine.
Vendez ces doux regards, ces attraicts, ces appas :
Vous mesme vendez vous, mais ne vous livrez pas.
Conservez vous l'esprit, gardez vostre franchise ;
Prenez tout, s'il se peut, ne soyez jamais prise.
Celle qui par amour s'engage en ces mal-heurs,
Pour un petit plaisir a cent mille douleurs.
Puis, un homme au desduit ne vous peut satisfaire ;
Et quand, plus vigoureux, il le pourroit bien faire,
Il faut tondre sur tout, et changer à l'instant.
L'envie en est bien moindre, et le gain plus contant.
Sur tout soyez de vous la maistresse et la dame.
Faites, s'il est possible, un miroir de vostre ame,
Qui reçoit tous objects, et tout contant les pert :
Fuyez ce qui vous nuit, aymez ce qui vous sert.
Faites profit de tout, et mesmes de vos pertes ;
A prendre sagement ayez les mains ouvertes,
Ne faites, s'il se peut, jamais présent ny don,
Si ce n'est d'un chabot pour avoir un gardon.
Par fois on peut donner pour les galands attraire.
A ces petits présents je ne suis pas contraire :
Pourveu que ce ne soit que pour les amorcer.
Les fines, en donnant, se doivent efforcer
A faire que l'esprit et que la gentillesse
Face estimer les dons, et non pas la richesse.
Pour vous, estimez plus qui plus vous donnera.
Vous gouvernant ainsi, Dieu vous assistera.
Au reste, n'espargnez ny Gaultier ny Garguille.
Qui se trouvera pris, je vous pri' qu'on l'estrille.
Il n'est que d'en avoir : le bien est tousjours bien,
Et ne vous doit chaloir ny de qui, ny combien.
Prenez à toutes mains, ma fille, et vous souvienne,

Que le gain a bon goust, de quelque endroit qu'il vienne.
Estimez vos amans selon le revenu :
Qui donnera le plus qu'il soit le mieux venu.
Laissez la mine à part, prenez garde à la somme.
Riche vilain vaut mieux que pauvre gentil-homme.
Je ne juge, pour moy, les gens sur ce qu'ils sont,
Mais selon le profit et le bien qu'ils me font.
Quand l'argent est meslé l'on ne peut reconnoistre
Celuy du serviteur d'avec celuy du maistre.
L'argent d'un cordon-bleu n'est pas d'autre façon
Que celuy d'un fripier ou d'un aide à maçon.
Que le plus et le moins y mette difference,
Et tienne seullement la partie en souffrance,
Que vous restablirez du jour au lendemain ;
Et tousjours retenez le bon bout à la main,
De crainte que le temps ne destruise l'affaire.
Il faut suivre de près le bien que l'on differe,
Et ne le differer qu'entant que l'on le peut,
Ou se puisse aisément restablir quand on veut.
Tous ces beaux suffisans, dont la cour est semée,
Ne sont que triacleurs et vendeurs de fumée.
Ils sont beaux, bien peignez, belle barbe au menton :
Mais quand il faut payer, au diantre le teston ;
Et faisant des mourans, et de l'ame saisie,
Il croyent qu'on leur doit pour rien la courtoisie.
Mais c'est pour leur beau nez. Le puits n'est pas commun :
Si j'en avois un cent, ils n'en auroient pas un.
　　Et ce poëte croté, avec sa mine austere,
Vous diriez à le voir que c'est un secretaire.
Il va mélancholique et les yeux abaissez,
Comme un sire qui plaint ses parens trespassez.
Mais Dieu sçait, c'est un homme aussi bien que les autres.
Jamais on ne luy voit aux mains des patenostres.
Il hante en mauvais lieux : gardez vous de cela ;

Non, si j'estoy de vous, je le planteroy là.
Et bien, il parle livre, il a le mot pour rire :
Mais au reste, apres tout, c'est un homme à satyre.
Vous croiriez à le voir qu'il vous deust adorer.
Gardez, il ne faut rien pour vous des-honorer.
Ces hommes mesdisans ont le feu sous la lèvre,
Ils sont matelineurs, prompts à prendre la chèvre,
Et tournent leurs humeurs en bizarres façons ;
Puis ils ne donnent rien, si ce n'est des chansons.
Mais, non, ma fille, non : qui veut vivre à son aise,
Il ne faut simplement un amy qui vous plaise,
Mais qui puisse au plaisir joindre l'utilité.
En amours, autrement, c'est imbécilité.
Qui le fait à crédit n'a pas grande resource :
On y fait des amis, mais peu d'argent en bourse.
Prenez moy ces abbez, ces fils de financiers,
Dont, depuis cinquante ans, les peres usuriers,
Volans à toutes mains, ont mis en leur famille
Plus d'argent que le roy n'en a dans la Bastille.
C'est là que vostre main peut faire de beaux coups.
Je sçay de ces gens là qui languissent pour vous :
Car estant ainsi jeune, en vos beautez parfaites,
Vous ne pouvez sçavoir tous les coups que vous faites ;
Et les traits de vos yeux haut et bas eslancez,
Belle, ne voyent pas tous ceux que vous blessez.
Tel s'en vient plaindre à moy qui n'ose le vous dire :
Et tel vous rit de jour, qui toute nuict sonspire,
Et se plaint de son mal, d'autant plus véhément,
Que vos yeux sans dessein le font innocemment.
En amour l'innocence est un sçavant mistere,
Pourveu que ce ne soit une innocence austere,
Mais qui sçache par art, donnant vie et trespas,
Feindre avecques douceur qu'elle ne le sçait pas.
Il faut aider ainsi la beauté naturelle.

L'innocence autrement est vertu criminelle :
Avec elle il nous faut et blesser et garir ,
Et parmy les plaisirs faire vivre et mourir.
Formez vous des desseins dignes de vos merites.
Toutes basses amours sont pour vous trop petites.
Ayez dessein aux dieux : pour de moindres beautez ,
Ils ont laissé jadis les cieux des-habitez.

    Durant tous ces discours, Dieu sçait l'impatience !
Mais comme elle a tousjours l'œil à la deffiance ,
Tournant deçà delà , vers la porte où j'estois ,
Elle vist en sursaut comme je l'escoutois.
Elle trousse bagage , et faisant la gentille :
Je vous verray demain ; à Dieu , bon soir , ma fille.

    Ha vieille , dy-je lors, qu'en mon cœur je maudis ,
Est-ce là le chemin pour gaigner paradis ?
Dieu te doint pour guerdon de tes œuvres si sainctes ,
Que soient avant ta mort tes prunelles esteintes ,
Ta maison descouverte , et sans feu tout l'hyver ,
Avecque tes voisins jour et nuict estriver ;
Et trainer , sans confort , triste et desesperée ,
Une pauvre vieillesse , et tousjours alterée.

SATYRE XIV.

    J'AY pris , cent et cent fois la lanterne en la main ,
Cherchant en plein midy , parmy le genre humain ,
Un homme qui fût homme et de fait et de mine ,
Et qui pût des vertus passer par l'étamine.
Il n'est coin et recoin que je n'aye tenté ,
Depuis que la nature icy bas m'a planté :
Mais tant plus je me lime , et plus je me rabote ,
Je croy qu'à mon avis tout le monde radote ,
Qu'il a la tête vuide et sens dessus dessous ,
Ou qu'il faut qu'au rebours je sois l'un des plus fous ;
C'est de notre folie un plaisant stratagesme ,

Se flattant, de juger les autres par soy-mesme.
Ceux qui pour voyager s'embarquent dessus l'eau,
Voyent aller la terre, et non pas leur vaisseau :
Peut-être ainsi trompé que faussement je juge ;
Toutefois, si les fous ont leur sens pour refuge,
Je ne suis pas tenu de croire aux yeux d'autrui :
Puis j'en sçay pour le moins autant ou plus que lui.
Voila fort bien parlé, si l'on me vouloit croire.
Sotte presomption, vous m'enyvrez sans boire !
Mais après, en cherchant, avoir autant couru,
Qu'aux avents de Noël fait le moine Bourru,
Pour retrouver un homme envers qui la satyre,
Sans flater, ne trouvast que mordre et que redire,
Qui sçust d'un choix prudent toute chose éplucher,
Ma foy, si ce n'est vous, je n'en veux plus chercher.
Or ce n'est point pour être élevé de fortune :
Aux sages, comme aux fous, c'est chose assez commune ;
Elle avance un chacun sans raison et sans choix :
Les fous sont aux échets les plus proches des rois.
Aussi mon jugement sur cela ne se fonde,
Au compas des grandeurs je ne juge le monde ;
L'éclat de ces clinquans ne m'ébloüit les yeux.
Pour être dans le ciel je n'estime les dieux,
Mais pour s'y maintenir, et gouverner de sorte
Que ce tout en devoir reglément se comporte,
Et que leur providence également conduit
Tout ce que le soleil en la terre produit.
Des hommes tout ainsi je ne puis reconnoître
Les grands, mais bien ceux-là qui meritent de l'être,
Et de qui le merite, indomptable en vertu,
Force les accidens et n'est point abbattu.
Non plus que de farceurs, je n'en puis faire conte ;
Ainsi que l'un descend, on voit que l'autre monte,
Selon ou plus ou moins que dure le roollet,

Et l'habit fait sans plus le maître ou le vallet.
De mesme est de ces gens dont la grandeur se jouë :
Aujourd'huy gros, enflez, sur le haut de la rouë,
Ils font un personnage, et demain renversez :
Chacun les met au rang des péchez effacez.
La faveur est bizarre, à traitter indocile,
Sans arrêt, inconstante, et d'humeur difficile ;
Avec discretion il la faut caresser ;
L'un la perd bien souvent pour la trop embrasser,
Ou pour s'y fier trop, l'autre par insolence,
Ou pour avoir trop peu ou trop de violence,
Ou pour se la promettre, ou se la dénier :
Enfin c'est un caprice étrange à manier.
Son amour est fragile et se rompt comme un verre,
Et fait aux plus matois donner du nez en terre.
    Pour moi, je n'ai point veu, parmy tant d'avancez,
Soit de ces tems ici, soit des siécles passez,
Homme que la fortune ait tasché d'introduire,
Qui durant le bon vent ait sçû se bien conduire.
Or d'être cinquante ans aux honneurs eslevé,
Des grands et des petits dignement aprouvé,
Et de sa vertu propre aux malheurs faire obstacle :
Je n'ay point veu de sots avoir fait ce miracle.
Aussy, pour discerner le bien d'avec le mal,
Voir tout, connoître tout, d'un œil toûjours égal :
Manier dextrement les desseins de nos princes,
Répondre à tant de gens de diverses provinces :
Estre des étrangers pour oracle tenu,
Prévoir tout accident avant qu'être avenu ;
Détourner par prudence une mauvaise affaire :
Ce n'est pas chose aisée, ou trop facile à faire.
Voila comme on conserve avecque jugement
Ce qu'un autre dissipe et perd imprudement.
Quand on se brûle au feu que soi-même on attise,

Ce n'est point accident, mais c'est une sottise.
Nous sommes du bonheur de nous-même artisans,
Et fabriquons nos jours ou fascheux ou plaisans.
La fortune est à nous, et n'est mauvaise ou bonne
Que selon qu'on la forme ou bien qu'on se la donne.
   A ce point le malheur, ami, comme ennemi,
Trouvant au bord d'un puits un enfant endormi,
En risque d'y tomber, à son aide s'avance,
En lui parlant ainsi, le réveille et le tance :
Sus, badin, levez-vous ; si vous tombiez dedans,
De douleur vos parens, comme vous imprudens,
Croyans en leur esprit que de tout je dispose,
Diroient en me blâmant que j'en serois la cause.
   Ainsi nous séduisant d'une fausse couleur,
Souvent nous imputons nos fautes au malheur,
Qui n'en peut mais. Mais quoi ! l'on le prend à partie,
Et chacun de son tort cherche la garentie ;
Et nous pensons bien fins, soit véritable, ou faux,
Quand nous pouvons couvrir d'excuses nos défauts :
Mais ainsi qu'aux petits, aux plus grands personnages
Sondez tout jusqu'au fond : les fous ne sont pas sages.
   Or c'est un grand chemin jadis assez frayé,
Qui des rimeurs françois ne fut onc essayé :
Suivant les pas d'Horace, entrant en la carriere,
Je trouve des humeurs de diverse maniere,
Qui me pourroient donner sujet de me moquer :
Mais qu'est-il de besoin de les aller choquer ?
Chacun, ainsi que moi, sa raison fortifie,
Et se forme à son goût une philosophie ;
Ils ont droit en leur cause, et de la contester
Je ne suis chicaneur, et n'ayme à disputer.
   Gallet a sa raison, et qui croira son dire,
Le hazard pour le moins luy promet un empire ;
Toutesfois, au contraire, étant leger et net,

9.

N'ayant que l'esperance et trois dez au cornet,
Comme sur un bon fond de rente et de receptes,
Dessus sept ou quatorze il assigne ses dettes,
Et trouve sur cela qui lui fournit dequoy.
Ils ont une raison qui n'est raison pour moy,
Que je ne puis comprendre, et qui bien l'examine :
Est-ce vice ou vertu qui leur fureur domine ?
L'un alléché d'espoir de gagner vingt pour cent,
Ferme l'œil à sa perte, et librement consent
Que l'autre le dépoüille et ses meubles engage ;
Même, s'il est besoin, baille son heritage.

Or le plus sot d'entr'eux, je m'en raporte à luy,
Pour l'un il perd son bien, l'autre celuy d'autruy.
Pourtant c'est un traffic qui suit toûjours sa route,
Où, bien moins qu'à la place, on a fait banqueroute ;
Et qui dans le brelan se maintient bravement,
N'en déplaise aux arrêts de nostre parlement.

Pensez-vous, sans avoir ses raisons toutes prêtes,
Que le sieur de Provins persiste en ses requêtes,
Et qu'il ait, sans espoir d'être mieux à la court,
A son long balandran changé son manteau court :
Bien que, depuis vingt ans, sa grimace importune
Ait à sa défaveur obstiné la fortune ?

Il n'est pas le Cousin, qui n'ait quelque raison.
De peur de réparer, il laisse sa maison :
Que son lit ne défonce, il dort dessus la dure ;
Et n'a, crainte du chaud, que l'air pour couverture ;
Ne se pouvant munir encontre tant de maux,
Dont l'air intemperé fait guerre aux animaux,
Comme le chaud, le froid, les frimas et la pluye,
Mille autres accidens, bourreaux de nôtre vie,
Luy, selon sa raison, sous eux il s'est soûmis,
Et, forçant la nature, il les a pour amis.
Il n'est point enrumé pour dormir sur la terre ;

Son poulmon enflamé ne tousse le caterre ;
Il ne craint ny les dents ny les défluxions,
Et son corps a, tout sain, libres ses fonctions.
En tout indifferent, tout est à son usage.
On dira qu'il est fou, je croi qu'il n'est pas sage.
Que Diogene aussi fust un fou de tout point,
C'est ce que le Cousin comme moy ne croit point.
Ainsi cette raison est une étrange bête,
On l'a bonne, selon qu'on a bonne la tête,
Qu'on imagine bien du sens comme de l'œil,
Pour grain ne prenant paille, ou Paris pour Corbeil.
　　Or suivant ma raison et mon intelligence,
Mettant tout en avant, et soin et diligence,
Et criblant mes raisons pour en faire un bon chois,
Vous êtes, à mon gré, l'homme que je cherchois.
Afin donc qu'en discours le temps je ne consomme,
Ou vous êtes le mien, ou je ne veux point d'homme.
Qu'un chacun en ait un ainsy qu'il luy plaira.
Rozette, nous verrons qui s'en repentira.
Un chacun en son sens selon son choix abonde.
Or m'ayant mis en goût des hommes et du monde,
Réduisant brusquement le tout en son entier,
Encor faut-il finir par un tour du métier.
　　On dit que Jupiter, roy des dieux, et des hommes,
Se promenant un jour en la terre où nous sommes,
Reçeut en amitié deux hommes apparens,
Tous deux d'âge pareils, mais de mœurs differens.
L'un avoit nom Minos, l'autre avoit nom Tantale :
Il les éleve au ciel, et d'abord leur étale,
Parmy les bons propos, les graces et les ris,
Tout ce que la faveur départ aux favoris :
Ils mangeoient à sa table, avaloient l'ambrosie,
Et des plaisirs du ciel soûloient leur fantasie,
Ils étoient comme chefs de son conseil privé ;

Et rien n'étoit bien fait qu'ils n'eussent approuvé.
Minos eut bon esprit, prudent, accort et sage,
Et sçut jusqu'à la fin jouer son personnage :
L'autre fut un langard, révelant les secrets
Du ciel et de son maître aux hommes indiscrets.
L'un, avecque prudence, au ciel s'impatronise ;
Et l'autre en fut chassé comme un peteux d'église.

SATYRE XV.

Ouï, j'escry rarement, et me plais de le faire,
Non pas que la paresse en moy soit ordinaire,
Mais si-tôt que je prens la plume à ce dessein,
Je croy prendre en galére une rame en la main ;
Je sens au second vers que la muse me dicte,
Que contre sa fureur ma raison se dépite.
Or si par fois j'escry, suivant mon ascendant,
Je vous jure, encor est-ce à mon corps défendant.
L'astre qui de naissance à la muse me lie,
Me fait rompre la tête aprés cette folie,
Que je reconnois bien : mais pourtant, malgré moi,
Il faut que mon humeur fasse joug à sa loy ;
Que je demande en moi ce que je me dénie,
De mon ame et du ciel, étrange tyrannie !
Et qui pis est, ce mal, qui m'afflige au mourir,
S'obstine aux récipez, et ne se veut guérir ;
Plus on drogue ce mal, et tant plus il s'empire,
Il n'est point d'ellebore assez en Anticyre ;
Revesche à mes raisons, il se rend plus mutin ;
Et ma philosophie y perd tout son latin.
Or pour être incurable, il n'est pas nécessaire,
Patient en mon mal, que je m'y doive plaire ;
Au contraire, il m'en fasche, et m'en déplaît si fort,
Que durant mon accez je voudrois être mort :
Car lors qu'on me regarde, et qu'on me juge un poëte,

Et qui par conséquent à la tête mal-faite,
Confus en mon esprit, je suis plus désolé,
Que si j'étois maraut, ou ladre, ou verolé.
  Encor si le transport dont mon ame est saisie
Avoit quelque respect durant ma frénésie,
Qu'il se reglât selon les lieux moins importans,
Ou qu'il fist choix des jours, des hommes, ou du temps,
Et que lors que l'hyver me renferme en la chambre,
Aux jours les plus glacez de l'engourdy novembre,
Apollon m'obsedât, j'aurois en mon malheur
Quelque contentement à flater ma douleur.
  Mais aux jours les plus beaux de la saison nouvelle,
Que Zephyre en ses rets surprend Flore la belle;
Que dans l'air les oyseaux, les poissons en la mer,
Se plaignent doucement du mal qui vient d'aimer :
Ou bien lors que Cerés de fourment se couronne,
Ou que Bacchus soupire amoureux de Pomone;
Ou lors que le saffran, la dernière des fleurs,
Dore le scorpion de ses belles couleurs;
C'est alors que la verve insolemment m'outrage,
Que la raison forcée obeït à la rage,
Et que, sans nul respect des hommes ou du lieu,
Il faut que j'obeïsse aux fureurs de ce dieu :
Comme en ces derniers jours les plus beaux de l'année
Que Cybele est par-tout de fruits environnée,
Que le paysant recuëille, emplissant à milliers,
Greniers, granges, chartis, et caves et celiers;
Et que Junon, riant d'une douce influence,
Rend son œil favorable aux champs qu'on ensemence;
Que je me résoudois, loin du bruit de Paris,
Et du soin de la cour ou de ses favoris,
M'égayer au repos que la campagne donne;
Et sans parler curé, doyen, chantre, ou Sorbonne;
D'un bon mot faire rire, en si belle saison,

Vous, vos chiens, et vos chats, et toute la maison,
Et là, dedans ces champs que la riviere d'Oise,
Sur des arenes d'or en ses bords se dégoise,
(Séjour jadis si doux à ce roy qui deux fois
Donna Sidon en proye à ses peuples françois)
Faire maint soubre-saut, libre de corps et d'ame,
Et froid aux appétis d'une amoureuse flamme,
Estre vuide d'amour comme d'ambition,
Des galands de ce temps horrible passion.
  Mais à d'autres revers ma fortune est tournée.
Dés le jour que Phœbus nous montre la journée,
Comme un hibou qui fuit la lumiere et le jour,
Je me leve, et m'en vay dans le plus creux séjour
Que Royaumont recelle en ses forêts secrettes,
Des renards et des loups les ombreuses retraites ;
Et là, malgré mes dents, rongeant et ravassant,
Polissant les nouveaux, les vieux rapetassant,
Je fay des vers, qu'encor qu'Apollon les avouë,
Dedans la cour, peut-être, on leur fera la mouë ;
Ou s'ils sont, à leur gré, bien faits et bien polis,
J'aurai pour récompence : Il sont vrayment jolis.
Mais moi, qui ne me regle aux jugemens des hommes,
Qui dedans et dehors connois ce que nous sommes,
Comme, le plus souvent, ceux qui sçavent le moins
Sont temerairement et juges, et témoins,
Pour blâme, ou pour loüange, ou pour froide parole,
Je ne fay de leger banqueroute à l'école
Du bon homme Empédocle, où son discours m'apprend
Qu'en ce monde il n'est rien d'admirable et de grand,
Que l'esprit dédaignant une chose bien grande,
Et qui, roy de soy-même, à soy-même commande.
Pour ceux qui n'ont l'esprit si fort, ny si trempé,
Afin de n'être point de soy-même trompé,
Chacun se doit connoître, et par un exercice,

Cultivant sa vertu, déraciner son vice ;
Et censeur de soy-même, avec soin corriger
Le mal qui croît en nous, et non le négliger ;
Eveiller son esprit troublé de rêverie.
Comme donc je me plains de ma forcenerie,
Que par art je m'efforce à regler ses accez,
Et contre mes défauts que j'intente un procez :
Comme un voit, par exemple, en ces vers où j'accuse
Librement le caprice où me porte la muse,
Qui me repaît de baye en ses foux passe-temps,
Et, malgré moy, me fait aux vers perdre le temps ;
Ils devroient à propos tâcher d'ouvrir la bouche,
Mettant leur jugement sur la pierre de touché,
S'étudier de n'être en leurs discours tranchans,
Par eux mêmes jugez ignares, ou méchans ;
Et ne mettre, sans choix, en égale balance,
Le vice, la vertu, le crime, l'insolence.
Qui me blâme aujourd'huy, demain il me loüera,
Et peut-être aussi-tôt il se désavoüera.
La loüange est à prix, le hazard la débite
Où le vice souvent vaut mieux que le merite :
Pour moy, je ne fais cas, ny ne me puis vanter,
Ny d'un mal, ny d'un bien, que l'on ne peut ôter.
    Avec proportion se départ la loüange,
Autrement c'est pour moy du baragoin étrange.
Le vray me fait dans moy reconnoître le faux,
Au poids de la vertu je juge les défaux.
J'assigne l'envieux cent ans après la vie,
Où l'on dit qu'en amour se convertit l'envie.
Le juge sans reproche est la posterité.
Le temps qui tout découvre, en fait la verité,
Puis la montre à nos yeux ; ainsi dehors la terre
Il tire les trésors, et puis les y resserre.
Donc moy, qui ne m'amuse à ce qu'on dit icy,

Je n'ay de leurs discours ny plaisir, ny soucy;
Et ne m'émeus non plus, quand leur discours fourvoye,
Que d'un conte d'Urgande et de Ma Mere l'Oye.
    Mais puisque tout le monde est aveugle en son fait,
Et que dessous la lune il n'est rien de parfait,
Sans plus se contrôller, quant à moy je conseille
Qu'un chacun doucement s'excuse à la pareille.
Laissons ce qu'en rêvant ces vieux fous ont écrit;
Tant de philosophie embarasse l'esprit.
Qui se contraint au monde, il ne vit qu'en torture.
Nous ne pouvons faillir suivant notre nature.
Je t'excuse, Pierrot, de même excuse moy,
Ton vice est de n'avoir ny Dieu, ny foy, ny loy.
Tu couvres tes plaisirs avec l'hypocrisie;
Chupin se taisant veut couvrir sa jalousie;
Rison accroît son bien d'usure et d'interêts;
Selon ou plus ou moins, Jan donne ses arrêts,
Et comme au plus offrant, débite la Justice.
Ainsi, sans rien laisser, un chacun a son vice.
Le mien est d'être libre, et ne rien admirer,
Tirer le bien du mal, lors qu'il s'en peut tirer,
Sinon adoucir tout par une indifference,
Et vaincre le malheur avec la patience;
Estimer peu de gens, suivre mon vercoquin,
Et mettre à même taux le noble et le coquin.
    D'autre part, je ne puis voir un mal sans m'en plaindre,
Quelque part que ce soit, je ne me puis contraindre.
Voyant un chicaneur, riche d'avoir vendu
Son devoir à celuy qui dût être pendu;
Un avocat instruire en l'une et l'autre cause;
Un Lopet, qui partis dessus partis propose;
Un medecin remplir les limbes d'avortons;
Un banquier qui fait Rome icy pour six testons;
Un prélat, enrichy d'interêt et d'usure,

Plaindre son bois saisy pour n'être de mesure ;
Un Jan, abandonnant femme, filles, et sœurs,
Payer mêmes en chair jusques aux rotisseurs ;
Rosset faire le prince, et tant d'autre mystère :
Mon vice est, mon amy, de ne m'en pouvoir taire.
   Or des vices où sont les hommes attachez,
Comme les petits maux font les petits péchez ;
Ainsi les moins mauvais sont ceux dont tu retires
Du bien, comme il advient le plus souvent des pires,
Au moins estimez tels ; c'est pourquoy, sans errer,
Au sage bien souvent on les peut désirer,
Comme aux prescheurs l'audace à reprendre le vice,
La folie aux enfans, aux juges l'injustice.
Vien doncq', et regardant ceux qui faillent le moins,
Sans aller rechercher ny preuve, ny témoins ;
Informons de nos faits, sans haine et sans envie,
Et jusqu'au fond du sac épluchons nôtre vie.
   De tous ces vices là, dont ton cœur, entaché,
S'est veu par mes écrits si librement touché,
Tu n'en peux retirer que honte et que dommage.
En vendant la justice, au ciel tu fais outrage,
Le pauvre tu détruis, la veuve et l'orphelin,
Et ruynes chacun avecq' ton patelin.
Ainsi conséquemment de tout dont je t'offence,
Et dont je ne m'attens d'en faire pénitence :
Car parlant librement, je prétens t'obliger
A purger tes défauts, tes vices corriger.
Si tu le-fais, enfin, en ce cas je merite,
Puisqu'en quelque façon mon vice te profite.

SATYRE XVI.

N'avoir crainte de rien, et ne rien esperer,
Amy, c'est ce qui peut les hommes bien heurer ;
J'ayme les gens hardis, dont l'ame non commune,

Morgant les accidens, fait tête à la fortune ;
Et voyant le soleil de flamme réluisant,
La nuit au manteau noir les astres conduisant,
La lune se masquant de formes differentes,
Faire naître les mois en ses courses errantes,
Et les cieux se mouvoir par ressors discordans,
Les uns chauds, temperez, et les autres ardens ;
Qui ne s'émouvant point, de rien n'ont l'ame attainte,
Et n'ont, en les voyant, esperance, ny crainte.
Même si, pêle mêle avec les élemens,
Le ciel d'airain tomboit jusques aux fondemens,
Et que tout se froissât d'une étrange tempête,
Les éclats sans frayeur leur fraperoient la tête.

Combien moins les assauts de quelque passion,
Dont le bien et le mal n'est qu'une opinion ?
Ny les honneurs perdus, ny la richesse acquise,
N'auront sur leur esprit ny puissance, ny prise.

Dy-moy, qu'est-ce qu'on doit plus cherement aymer
De tout ce que nous donne ou la terre ou la mer ;
Ou ces grands diamans, si brillans à la veuë,
Dont la France se voit à mon gré trop pourveuë ;
Ou ces honneurs cuisans, que la faveur départ,
Souvent moins par raison, que non pas par hazard ;
Ou toutes ces grandeurs après qui l'on abbaye,
Qui font qu'un président dans les procez s'égaye ?
De quel œil, trouble, ou clair, dy-moy, les doit-on voir
Et de quel appétit au cœur les recevoir ?

Je trouve, quant à moi, bien peu de difference
Entre la froide peur et la chaude esperance :
D'autant que même doute également assaut
Nôtre esprit, qui ne sçait au vrai ce qu'il lui faut.

Car étant la fortune en ses fins incertaine,
L'accident non prévû nous donne de la peine.
Le bien inesperé nous saisit tellement,

Qu'il nous gêle le sang, l'ame et le jugement,
Nous fait fremir le cœur, nous tire de nous mêmes.
Ainsi diversement saisis des deux extrêmes,
Quand le succez du bien au desir n'est égal,
Nous nous sentons troublez du bien comme du mal;
Et trouvant même effet en un sujet contraire,
Le bien fait dedans nous ce que le mal peut faire.

Or donc, que gagne-t'on de rire ou de pleurer?
Craindre confusément; bien, ou mal esperer?
Puisque même le bien, excédant nôtre attente,
Nous saisissant le cœur, nous trouble, et nous tourmente;
Et nous désobligeant nous même en ce bonheur,
La joie et le plaisir nous tient lieu de douleur.

Selon son rôlle, on doit joüer son personnage.
Le bon sera méchant, insensé l'homme sage,
Et le prudent sera de raison devêtu,
S'il se montre trop chaud à suivre la vertu.
Combien plus celui-là, dont l'ardeur non commune
Eléve ses desseins jusqu'au ciel de la lune,
Et se privant l'esprit de ses plus doux plaisirs,
A plus qu'il ne se doit laisse aller ses desirs?

Va donc, et d'un cœur sain voyant le Pont-au-Change,
Desire l'or brillant sous mainte pierre estrange;
Ces gros lingots d'argent, qu'à grands coups de marteaux,
L'art forme en cent façons de plats et de vaisseaux;
Et devant que le jour aux gardes se découvre,
Va, d'un pas diligent, à l'Arcenac, au Louvre;
Talonne un président, suy-le comme un valet;
Mesme, s'il est besoin, estrille son mulet.
Suy jusques au conseil les maistres des requestes;
Ne t'enquiers curieux s'ils sont hommes ou bestes,
Et les distingue bien : les uns ont le pouvoir
De juger finement un procez sans le voir;
Les autres, comme dieux, prés le soleil résident,

Et, démons de Plutus, aux finances président ;
Car leurs seules faveurs peuvent, en moins d'un an,
Te faire devenir Chalange, ou Montauban.
Je veux encore plus : démembrant ta province,
Je veux, de partisan que tu deviennes prince :
Tu seras des badauts en passant adoré,
Et sera jusqu'au cuir ton carosse doré ;
Chacun en ta faveur mettra son esperance ;
Mille valets sous toy désoleront la France ;
Tes logis tapissez en magnifique arroy,
D'éclat aveugleront ceux-là mesme du roy.
Mais si faut-il, enfin, que tout vienne à son conte,
Et soit avec l'honneur, ou soit avec la honte,
Il faut, perdant le jour, esprit, sens, et vigueur,
Mourir comme Enguerrand, ou comme Jacques Cœur ;
Et descendre là-bas, où, sans choix de personnes,
Les écuelles de bois s'égalent aux couronnes.
    En courtisant pourquoy perdrois je tout mon temps,
Si de bien et d'honneur mes esprits sont contens ?
Pourquoy d'ame et de corps faut il que je me peine,
Et qu'étant hors du sens, aussi bien que d'haleine,
Je suive un financier, soir, matin, froid et chaud,
Si j'ai du bien pour vivre autant comme il m'en faut ?
Qui n'a point de procez, au Palais n'a que faire.
Un president pour moi n'est non plus qu'un notaire.
Je fais autant d'état du long comme du court,
Et mets en la vertu ma faveur et ma court.
    Voila le vrai chemin, franc de crainte et d'envie,
Qui doucement nous meine à cette heureuse vie,
Que, parmi les rochers et les bois desertez,
Jeusne, veille, oraison, et tant d'austeritez,
Ces hermites jadis, ayant l'esprit pour guide,
Chercherent si long-temps dedans la Thébaïde.
Adorant la vertu, de cœur, d'ame et de foy,

Sans la chercher si loin , chacun l'a dedans soy ,
Et peut, comme il lui plaît, lui donner la teinture,
Artisan de sa bonne ou mauvaise aventure.

DISCOURS AU ROY.

EPISTRE PREMIÈRE.

Il estoit presque jour, et le ciel sousriant,
Blanchissoit de clairté les peuples d'Orient;
L'aurore aux cheveux d'or , au visage de roses,
Desja, comme à demy descouvrait toutes choses ;
Et les oyseaux perchez en leur feüilleux séjour,
Commençoient, s'esveillant, à se plaindre d'amour :
Quand je vis en sursaut une beste effroyable,
Chose estrange à conter, toutesfois véritable!
Qui plus qu'une hydre affreuse à sept gueules meuglant,
Avoit les dents d'acier, l'œil horrible et sanglant ;
Et pressoit à pas torts une nymphe fuyante,
Qui, réduite aux abbois, plus morte que vivante,
Haletante de peine, en son dernier recours,
Du grand Mars des François imploroit le secours,
Embrassoit ses genoux, et l'appellant aux armes,
N'avoit autre discours que celuy de ses larmes.
  Ceste nymphe étoit d'age , et ses cheveux meslez ,
Flottoient au gré du vent, sur son dos avalez.
Sa robe étoit d'azur , où cent fameuses villes
Eslevoient leurs clochers sur des plaines fertiles ;
Que Neptune arrosoit de cent fleuves espars,
Qui dispersoient le vivre aux gens de toutes pars.
Les villages espais fourmilloient par la plaine,
De peuple et de bestail la campagne étoit pleine,
Qui, s'employant aux arts, mesloient diversement

La fertile abondance avecque l'ornement.
Tout y reluisoit d'or, et sur la broderie
Esclattoit le brillant de mainte pierrérie.
　La mer aux deux costez cest ouvrage bordoit,
L'Alpe de la main gauche en biais s'espandoit,
Du Rhin jusqu'en Provence ; et le mont qui partage
D'avecque l'Espagnol le françois heritage,
De Leucate à Bayonne en cornes se haussant,
Monstroit son front pointu de neiges blanchissant.
　Le tout étoit formé d'une telle maniere,
Que l'art ingenieux excédoit la matiere.
Sa taille estoit auguste, et son chef couronné,
De cent fleurs de lis d'or estoit environné.
　Ce grand prince voyant le soucy qui la greve,
Touché de piété, la prend, et la releve ;
Et de feux estouffant ce funeste animal,
La délivra de peur aussi-tost que de mal ;
Et purgeant le venim dont elle estoit si pleine,
Rendit en un instant la nymphe toute saine.
　Ce prince, ainsi qu'un Mars, en armes glorieux,
De palmes ombrageoit son chef victorieux,
Et sembloit de ses mains au combat animées,
Comme foudre jetter la peur dans les armées.
Ses exploits achevez en ses armes vivoient :
Là les champs de Poictou d'une part s'eslevoient,
Qui superbes sembloient s'honorer en la gloire.
D'avoir premiers chanté sa premiere victoire.
　Dieppe, de l'autre part, sur la mer s'allongeoit,
Où par force il rompoit le camp qui l'assiegeoit,
Et poussant plus avant ses trouppes espanchées,
Le matin en chemise il surprit les tranchées.
Là Paris délivré de l'espagnole main,
Se deschargeoit le col de son joug inhumain.
La campagne d'Ivry sur le flanc cizelée,

Favorisoit son prince au fort de la meslée ;
Et de tant de ligueurs par sa dextre vaincus ,
Au dieu de la bataille appendoit les escus.

    Plus haut éloit Vendosme , et Chartres , et Pontoise,
Et l'Espagnol desfait à Fontaine-Françoise ,
Où la valeur du foible emportant le plus fort ,
Fist voir que la vertu ne craint aucun effort.

    Plus bas , dessus le ventre , au naïf contrefaite ,
Estoit , prés d'Amiens , la honteuse retraite
Du puissant archiduc , qui craignant son pouvoir ,
Creut que c'estoit en guerre assez que de le voir.

    Deça , delà , luitoit mainte trouppe rangée ,
Mainte grande cité gémissoit assiégée ,
Où , si-tôt que le fer l'en rendoit possesseur ,
Aux rebelles vaincus il usoit de douceur :
Vertu rare au vainqueur , dont le courage extresme
N'a gloire en la fureur qu'à se vaincre soi-mesme !

    Le chesne et le laurier cest ouvrage ombrageoit ,
Où le peuple devot sous ses loix se rangeoit ;
Et de vœuz et d'encens , au ciel faisoit priere ,
De conserver son prince en sa vigueur entiere.

    Maint puissant ennemy , domté par sa vertu ,
Languissoit dans les fers sous ses pieds abbatu ,
Tout semblable à l'envie , à qui l'estrange rage
De l'heur de son voisin enfielle le courage ;
Hideuse , bazanée , et chaude de rancœur ,
Qui ronge ses poulmons , et se masche le cœur.

    Apres quelque priere , en son cœur prononcée ,
La nymphe , en le quittant , au ciel s'est eslancée ,
Et son corps dedans l'air demeurant suspendu ,
Ainsi comme un milan , sur ses aisles tendu ,
S'arreste en une place , où , changeant de visage ,
Un bruslant aiguillon luy picque le courage :
Son regard estincelle , et son cerveau tremblant ,

Ainsi comme son sang, d'horreur se va troublant :
Son estomach pantois sous la chaleur frissonne,
Et chaude de l'ardeur qui son cœur espoinçonne ,
Tandis que la faveur précipitoit son cours ,
Veritable prophete elle fait ce discours :

   Peuple, l'objet piteux du reste de la terre ,
Indocile à la paix, et trop chaud à la guerre ,
Qui fécond en partis, et léger en desseins,
Dedans ton propre sang soüilles tes propres mains ;
Entens ce que je dis, attentif à ma bouche ,
Et qu'au plus vif du cœur ma parole te touche.

   Depuis qu'irrévérant envers les immortels,
Tu taches de mespris l'Eglise et ses autels ;
Qu'au lieu de la raison gouverne l'insolence ,
Que le droit alteré n'est qu'une violence ;
Que par force le foible est foulé du puissant,
Que la ruse ravit le bien à l'innocent ;
Et que la vertu sainte en public mesprisée,
Sert aux jeunes de masque, aux plus vieux de risée,
(Prodige monstrueux !) et sans respect de foy,
Qu'on s'arme ingratement au mespris de son roy ;
La justice et la paix, tristes et désolées ,
D'horreur se retirant, au ciel s'en sont volées :
Le bonheur aussi-tost à grands pas les suivit,
Et depuis, le soleil de bon œil ne te vit.

   Quelque orage tousjours qui s'esleve à ta perte ,
A, comme d'un broüillas ta personne couverte ,   120
Qui, tousjours prest à fondre, en eschec te retient,
Et malheur sur malheur à chaque heure te vient.

   On a veu tant de fois la jeunesse trompée
De tes enfans passez au tranchant de l'espée ;
Tes filles sans honneur errer de toutes parts,
Ta maison et tes biens saccagez des soldarts ;
Ta femme insolemment d'entre tes bras ravie ;

Et le fer tous les jours s'attacher à ta vie.
 Et cependant, aveugle en tes propres effets,
Tout le mal que tu sens, c'est toy qui te le fais ;
Tu t'armes à ta perte, et ton audace forge
L'estoc dont, furieux, tu te coupes la gorge.
 Mais quoy ! tant de malheurs te suffisent-ils pas ?
Ton prince, comme un Dieu, te tirant du trespas,
Rendit de tes fureurs les tempestes si calmes,
Qu'il te fait vivre en paix à l'ombre de ses palmes.
Astrée en sa faveur demeure en tes citez,
D'hommes et de bestail les champs sont habitez :
Le paysant n'ayant peur des bannieres estranges,
Chantant coupe ses bleds, riant fait ses vendanges ;
Et le berger guidant son troupeau bien nourry,
Enfle sa cornemeuse en l'honneur de Henry.
Et toy seul, cependant, oubliant tant de graces,
Ton aise trahissant, de ses biens tu te lasses.
 Vien, ingrat, respon-moy : quel bien esperes-tu,
Après avoir ton prince en ses murs combatu ?
Après avoir trahy, pour de vaines chimeres,
L'honneur de tes ayeux, et la foy de tes peres ?
Après avoir, cruel, tout respect violé,
Et mis à l'abandon ton pays désolé ?
 Attens-tu que l'Espagne, avec son jeune prince,
Dans son monde nouveau te donne une province,
Et qu'en ces trahisons, moins sage devenu,
Vers toy par ton exemple il ne soit retenu ?
Et qu'ayant démenti ton amour naturelle,
A luy plus qu'à ton prince il t'estime fidelle ?
Peut-estre que ta race, et ton sang violent,
Issu, comme tu dis, d'Oger, ou de Roland,
Ne te veut pas permettre, encore jeune d'âge,
Qu'oysif en ta maison se rouille ton courage ;
Et réhaussant ton cœur, que rien ne peut ployer,

Te fait chercher un roy qui te puisse employer ;
Qui, la gloire du ciel, et l'effroy de la terre,
Soit, comme un nouveau Mars, indomptable à la guerre ;
Qui sçache, en pardonnant, les discords estouffer,
Par clémence aussi grand comme il est par le fer.
  Cours tout le monde entier de province en province :
Ce que tu cherches loin habite en nôtre prince.
  Mais quels exploits si beaux a faits ce jeune roy,
Qu'il faille pour son bien que tu faulses ta foy,
Trahisses ta patrie, et que d'injustes armes
Tu la combles de sang, de meurtres et de larmes ?
  Si ton cœur convoiteux est si vif et si chaud,
Cours la Flandre, où jamais la guerre ne défaut ;
Et plus loin, sur les flancs d'Austriche et d'Alemagne
De Turcs et de turbans enjonche la campagne ;
Puis, tout chargé de coups, de vieillesse et de biens,
Revien en ta maison mourir entre les tiens.
Tes fils se mireront en si belles despoüilles :
Les vieilles au foyer en fillant leurs quenoüilles,
En chanteront le conte ; et brave en argumens,
Quelque autre Jean de Mun en fera des romans.
  Ou si, trompant ton roy, tu cours autre fortune,
Tu trouveras, ingrat, toute chose importune
A Naples, en Sicille, et dans ces autres lieux
Où l'on t'assignera, tu seras odieux ;
Et l'on te fera voir, avec ta convoitise,
Qu'après les trahisons les traistres on mesprise.
Les enfans estonnez s'enfuiront te voyant,
Et l'artisan mocqueur, aux places t'effroyant,
Rendant par ses brocards ton audace flétrie,
Dira : Ce traistre-icy nous vendit sa patrie,
Pour l'espoir d'un royaume en chimeres conçeu ;
Et pour tous ses desseins du vent il a reçeu.
  Hâ ! que ces paladins vivants dans mon histoire,

Non comme toy touchez d'un bastarde gloire,
Te furent differens, qui, courageux par tout,
Tindrent fidellement mon enseigne debout;
Et qui, se respandant ainsi comme un tonnerre,
Le fer dedans la main firent trembler la terre;
Et tant de roys payens sous la croix desconfis,
Asservirent vaincus aux pieds du crucifix,
Dont les bras retroussez, et la teste panchée,
De fers honteusement au triomphe attachée,
Furent de leur valeur tesmoins si glorieux,
Que les noms de ces preux en sont escrits aux cieux!
  Mais si la piété de ton cœur divertie,
En toy, pauvre insensé, n'est du tout amortie:
Si tu n'as tout-à-fait rejetté loin de toy
L'amour, la charité, le devoir et la foy;
Ouvre tes yeux sillez, et voy de quelle sorte,
D'ardeur précipité, la rage te transporte,
T'envelope l'esprit, t'esgarant insensé,
Et juge l'avenir par le siécle passé.
  Si-tôt que cette nymphe, en son dire enflamée,
Pour finir son propos eut la bouche fermée;
Plus haute s'eslevant dans le vague des cieux,
Ainsi comme un esclair disparut à nos yeux;
Et se monstrant déesse en sa fuite soudaine,
La place elle laissa de parfum toute pleine,
Qui tombant en rosée aux lieux les plus prochains,
Reconforta le cœur et l'esprit des humains.
  Henry, le cher suject de nos saintes prieres,
Que le ciel réservoit à nos peines dernieres,
Pour restablir la France au bien non limité
Que le destin promet à son éternité:
Aprés tant de combats, et d'heureuses victoires,
Miracles de nos temps, honneur de nos histoires,
Dans le port de la paix, grand prince, puisses-tu,

Malgré tes ennemis, exercer ta vertu !
Puisse estre à ta grandeur le destin si propice,
Que ton cœur de leurs traicts rebouche la malice!
Et s'armant contre toy, puisses-tu d'autant plus,
De leurs efforts domter le flus et le reflus ;
Et comme un saint rocher oposant ton courage,
En escume venteuse en dissiper l'orage ;
Et brave t'eslevant par dessus les dangers,
Estre l'amour des tiens, l'effroy des étrangers!

Attendant que ton fils, instruit par ta vaillance,
Dessous tes estendars sortant de son enfance,
Plus fortuné que toy, mais non pas plus vaillant,
Aille les Othomans jusqu'au Caire assaillant ;
Et que, semblable à toy, foudroyant les armées,
Il cueille avecq' le fer les palmes Idumées.

Puis, tout flambant de gloire, en France revenant,
Le ciel même là-haut de ses faicts s'étonnant,
Qu'il espande à tes pieds les despouilles conquises,
Et que de leurs drapeaux il pare nos églises.

Alors rajeunissant au récit de ses faits,
Tes desirs et tes vœux, en ses œuvres parfaits,
Tu ressentes d'ardeur ta vieillesse eschauffée,
Voyant tout l'univers nous servir de trophée.

Puis, n'estant plus icy chose digne de toy,
Ton fils du monde entier restant paisible roy,
Sous tes modelles saincts, et de paix, et de guerre,
Il régisse, puissant en justice, la terre,
Quand après un long-temps, ton esprit glorieux
Sera des mains de Dieu couronné dans les cieux.

A M. DE FORQUEVAUS.

EPISTRE II.

Puisque le jugement nous croist par le dommage,
Il est temps, Forquevaus, que je devienne sage ;
Et que par mes travaux j'apprenne à l'avenir,
Comme, en faisant l'amour, on se doit maintenir.
Après avoir passé tant et tant de traverses,
Avoir porté le joug de cent beautez diverses,
Avoir, en bon soldat, combatu nuit et jour ;
Je dois être routier en la guerre d'amour ;
Et comme un vieux guerrier blanchi dessous les armes,
Sçavoir me retirer des plus chaudes alarmes,
Détourner la fortune, et, plus fin que vaillant,
Faire perdre le coup au premier assaillant ;
Et sçavant devenu par un long exercice,
Conduire mon bonheur avec de l'artifice,
Sans courir comme un fol saisi d'aveuglement,
Que le caprice emporte, et non le jugement.
Car l'esprit, en amour, sert plus que la vaillance,
Et tant plus on s'efforce, et tant moins on avance.
Il n'est que d'être fin, et de soir, ou de nuit,
Surprendre, si l'on peut, l'ennemy dans le lit.
   Du temps que ma jeunesse, à l'amour trop ardente,
Rendoit d'affection mon ame violente,
Et que de tous côtez, sans choix, ou sans raison,
J'allois comme un limier après la venaison,
Souvent, de trop de cœur, j'ay perdu le courage ;
Et, piqué des douceurs d'un amoureux visage,
J'ai si bien combattu, serré flanc contre flanc,
Qu'il ne m'en est resté une goutte de sang.
Or' sage à mes despens, j'esquive la bataille,
Sans entrer dans le champ j'attends que l'on m'assaille

Et pour ne perdre point le renom que j'ai eu,
D'un bon mot du vieux tems je couvre tout mon jeu ;
Et, sans être vaillant, je veux que l'on m'estime.
Ou si par fois encor j'entre en la vieille escrime,
Je goûte le plaisir sans en être emporté
Et prens de l'exercice au prix de ma santé.
Je resigne aux plus forts ces grands coups de maîtrise
Accablé sous le faix, je fuy toute entreprise ;
Et sans plus m'amuser aux places de renom ,
Qu'on ne peut emporter qu'à force de canon,
J'ayme une amour facile, et de peu de défense.
Si je voy qu'on me rit, c'est là que je m'avance,
Et ne me veux chaloir du lieu, grand, ou petit.
La viande ne plaît que selon l'appétit.
Toute amour a bon goût, pourvû qu'elle récrée ;
Et s'elle est moins loüable , elle est plus assurée :
Car quand le jeu déplaît, sans soupçon, ou danger
De coups , ou de poison, il est permis changer.
Aimer en trop haut lieu une dame hautaine,
C'est aimer en soucy le travail, et la peine ,
C'est nourrir son amour de respect, et de so'n.
Je suis saoul de servir le chapeau dans le poing ;
Et fuy plus que la mort l'amour d'une grand' dame.
Toûjours, comme un forçât, il faut être à la rame,
Naviger jour et nuit, et sans profit aucun ,
Porter tout seul le faix de ce plaisir commun.
    Ce n'est pas, Forquevaus, cela que je demande ;
Car si je donne un coup, je veux qu'on me le rende,
Et que les combatans , à l'égal colérez,
Se donnent l'un à l'autre autant de coups fourez.
C'est pourquoy je recherche une jeune fillette,
Experte dés long-temps à courir l'éguillette ;
Qui soit vive et ardente au combat amoureux,
Et pour un coup reçu qui vous en rende deux.

La grandeur en amour est vice insupportable,
Et qui sert hautement est toûjours miserable :
Il n'est que d'être libre, et en deniers contans
Dans le marché d'amour acheter du bon temps,
Et pour le prix commun choisir sa marchandise ;
Ou si l'on n'en veut prendre, au moins on en devise,
L'on taste, l'on manie, et sans dire combien,
On se peut retirer, l'objet n'en coûte rien.
Au savoureux trafic de cette mercerie,
J'ai consumé les jours les plus beaux de ma vie,
Marchand des plus rusez, et qui, le plus souvent,
Payoit ses créanciers, de promesse et de vent.
Et encore, n'étoit le hazard et la perte,
J'en voudrois pour jamais tenir boutique ouverte :
Mais le risque m'en fasche, et si fort m'en déplaît,
Qu'au malheur que je crains, je postpose l'acquêt :
Si bien que, redoutant la verolle et la goutte,
Je bannis ces plaisirs, et leur fais banqueroutte,
Et resigne aux mignons, aveuglez en ce jeu,
Avecque les plaisirs, tous les maux que j'ai eu,
Les boutons du printemps, et les autres fleurettes,
Que l'on cueille au jardin des douces amourettes.
Le mercure et l'eau fort me sont à contre cœur,
Je hay l'eau de gayac, et l'etouffante ardeur
Des fourneaux enfumez où l'on perd sa substance,
Et où l'on va tirant un homme en quintessence ;
C'est pourquoi tout à coup je me suis retiré,
Voulant dorénavant demeurer asseuré ;
Et comme un marinier échapé de l'orage,
Du havre seurement contempler le naufrage.
Ou si par fois encor je me remets en mer,
Et qu'un œil enchanteur me contraigne d'aimer,
Combattant mes esprits par une douce guerre,
Je veux en seureté naviger sur la terre :

Ayant premierement visité le vaisseau,
S'il est bien calfeutré, ou s'il ne prend point l'eau.
Ce n'est pas peu de cas de faire un long voyage,
Je tiens un homme fou qui quitte le rivage,
Qui s'abandonne aux vents, et pour trop présumer,
Se commet aux hazards de l'amoureuse mer.
Expert en ses travaux, pour moi je la déteste,
Et la fuy tout ainsi comme je fuy la peste.
   Mais aussi, Forquevaus, comme il est malaisé
Que nôtre esprit ne soit quelquesfois abusé
Des appas enchanteurs de cet enfant volage,
Il faut un peu baisser le cou sous le servage,
Et donner quelque place aux plaisirs savoureux ;
Car c'est honte de vivre, et de n'être amoureux.
Mais il faut, en aimant, s'aidèr de la finesse,
Et sçavoir rechercher une simple maîtresse,
Qui, sans vous asservir, vous laisse en liberté,
Et joigne le plaisir avec la seureté ;
Qui ne sçache que c'est que d'être courtisée,
Qui n'ait de mainte amour la poitrine embrasée,
Qui soit douce et nicette, et qui ne sçache pas,
Apprentive au métier, que valent les appas;
Que son œil et son cœur parlent de même sorte,
Qu'aucune affection hors de soi ne l'emporte ;
Bref, qui soit toute à nous, tant que la passion
Entretiendra nos sens en cette affection.
Si par fois son esprit, ou le nôtre se lasse,
Pour moi, je suis d'avis que l'on change de place,
Qu'on se range autre part, et sans regret aucun
D'absence, ou de mépris, que l'on aime un chacun :
Car il ne faut jurer aux beautez d'une dame,
Ains changer, par le temps, et d'amour et de flame.
C'est le change qui rend l'homme plus vigoureux,
Et qui jusqu'au tombeau le fait être amoureux.

Nature se maintient pour être variable,
Et pour changer souvent son état est durable :
Aussi l'affection dure éternellement :
Pourvû, sans se lasser, qu'on change à tout moment.
De la fin d'une amour l'autre naît plus parfaite,
Comme on voit un grand feu naître d'une bluette.

EPISTRE III.

Perclus d'une jambe, et des bras,
Tout de mon long entre deux dras,
Il ne me reste que la langue
Pour vous faire cette harangue.
Vous sçavez que j'ay pension,
Et que l'on a prétention,
Soit par sottise, ou par malice,
Embarrassant le benéfice,
Me rendre, en me torchant le bec,
Le ventre creux comme un rebec.
On m'en baille en discours de belles,
Mais de l'argent, point de nouvelles ;
Encore, au lieu de payement,
On parle d'un retranchement,
Me faisant au nez grise mine :
Que l'abbaye est en ruyne,
Et ne vaut pas, beaucoup s'en faut,
Les deux mille francs qu'il me faut ;
Si bien que je juge, à son dire,
Malgré le feu roy nostre sire,
Qu'il désireroit volontiers
Laschement me réduire au tiers.
Je laisse à part ce fascheux conte :
Au printemps que la bile monte
Par les veines dans le cerveau,
Et que l'on sent au renouveau,

Son esprit fécond en sornettes,
Il fait mauvais se prendre aux poëtes.
Toutesfois, je suis de ces gens
De toutes choses négligens,
Qui vivant au jour la journée,
Ne controllent leur destinée,
Oubliant, pour se mettre en paix,
Les injures et les bien-faits ;
Et s'arment de philosophie.
Il est pourtant fou qui s'y fie ;
Car la dame Indignation
Est une forte passion.
   Estant donc en mon lit malade,
Les yeux creux, et la bouche fade,
Le teint jaune comme un épy,
Et non pas l'esprit assoupy,
Qui dans ses caprices s'égaye,
Et souvent se donne la baye,
Se feignant, pour passer le temps,
Avoir cent mille écus contans,
Avec cela large campagne :
Je fais des châteaux en Espagne ;
J'entreprens partis sur partis.
Toutesfois, je vous avertis,
Pour le sel, que je m'en déporte,
Que je n'en suis en nulle sorte,
Non plus que du droit annuël :
Je n'aime point le casuël.
J'ay bien un avis d'autre étoffe,
Dont du Luat le philosophe
Désigne rendre au consulat,
Le nez fait comme un cervelat ;
Si le conseil ne s'y oppose,
Vous verrez une belle chose.

Mais laissant là tous ces projets,
Je ne manque d'autres sujets,
Pour entretenir mon caprice
En un fantastique exercice ;
Je discours des neiges d'antan,
Je prends au nid le vent d'autan,
Je pete contre le tonnerre,
Aux papillons je fais la guerre,
Je compose almanachs nouveaux,
De rien je fais brides à veaux ;
A la Saint-Jean je tends aux gruës,
Je plante des pois par les ruës,
D'un bâton je fais un cheval,
Je voy courir la Seine à val,
Et beaucoup de choses, beau sire,
Que je ne veux, et n'ose dire.
Aprés cela, je peinds en l'air,
J'apprens aux ânes à voler,
Du bordel je fais la chronique,
Aux chiens j'apprens la rhetorique ;
Car, enfin, ou Plutarque ment,
Ou bien ils ont du jugement.
Ce n'est pas tout, je dis sornettes,
Je dégoise des chansonnettes,
Et vous dis, qu'avec grand effort,
La nature pâtit tres-fort :
Je suis si plein que je regorge.
Si une fois je rens ma gorge,
Eclattant ainsi qu'un petard,
On dira : Le diable y ait part.
Voila comme le temps je passe.
Si je suis las, je me délasse,
J'écris, je lis, je mange et boy,
Plus heureux cent fois que le roy

(Je ne dis pas le roy de France),
Si je n'étois court de finance.
Or , pour finir , voila comment
Je m'entretiens bisarrement.
Et prenez-moy les plus extrêmes
En sagesse , ils vivent de mêmes ,
N'étant l'humain entendement
Qu'une grotesque seulement.
Vuidant les bouteilles cassées ,
Je m'embarrasse en mes pensées ;
Et quand j'y suis bien embroüillé ,
Je me couvre d'un sac moüillé.
Faute de papier , *bona sere* ,
Qui a de l'argent , si le serre.
Vôtre serviteur à jamais ,
Maître Janin du Pont-Alais.

ELEGIE PREMIÈRE.

Non, non, j'ai trop de cœur pour lâchement me rendre.
L'Amour n'est qu'un enfant dont l'on se peut défendre ;
Et l'homme qui fléchit sous sa jeune valeur ,
Rend , par ses lâchetez , coupable son malheur.
Il se défait soi-même , et soi-même s'outrage ,
Et doit son infortune à son peu de courage.
Or moi , pour tout l'éfort qu'il fasse à me dompter ,
Rebelle à sa grandeur , je le veux effronter ;
Et bien qu'avec les dieux on ne doive débattre ;
Comme un nouveau Titan si le veux-je combattre.
Avec le désespoir je me veux asseurer.
C'est salut aux vaincus , de ne rien esperer.
   Mais hélas ! c'en est fait , quand les places sont prises,
Il n'est plus temps d'avoir recours aux entreprises ;
Et les nouveaux desseins d'un salut prétendu ,

Ne servent plus de rien lors que tout est perdu.
Ma raison est captive, en triomphe menée,
Mon ame, déconfite, au pillage est donnée,
Tous mes sens m'ont laissé seul et mal-averti,
Et chacun s'est rangé du contraire parti;
Et ne me reste plus de la fureur des armes,
Que des cris, des sanglots, des soûpirs et des larmes,
Dont je suis si troublé, qu'encor ne sçai-je pas,
Où, pour trouver secours, je tournerai mes pas :
Aussi pour mon salut que doy-je plus attendre,
Et quel sage conseil en mon mal puis-je prendre,
S'il n'est rien ici bas de doux et de clement,
Qui ne tourne visage à mon contentement?
S'il n'est astre éclairant en la nuit solitaire,
Ennemi de mon bien, qui ne me soit contraire,
Qui ne ferme l'oreille à mes cris furieux?
Il n'est pour moi là haut ny clemence, ny dieux.
Au ciel, comme en la terre, il ne faut que j'attende
Ny pitié, ny faveur, au mal qui me commande ;
Car encor que la dame en qui seule je vy,
M'ait avecque douceur sous ses loix asservy ;
Que je ne puisse croire, en voyant son visage,
Que le ciel l'ait formé si beau pour mon dommage,
Ny moins qu'il soit possible en si grande beauté,
Qu'avecque la douceur loge la cruauté;
Pourtant toute esperance en mon esprit chancelle :
Il suffit, pour mon mal, que je la trouve belle.
Amour, qui pour objet n'a que mes déplaisirs,
Rend tout ce que j'adore ingrat à mes desirs.
Toute chose en aimant est pour moi difficile,
Et comme mes soupirs ma peine est infertile.
D'autre part, sçachant bien qu'on n'y doit aspirer,
Aux cris j'ouvre la bouche, et n'ose soûpirer ;
Et ma peine étouffée avecque le silence,

Estant plus retenuë, a plus de violence.
Trop heureux si j'avois en ce cruel tourment,
Moins de discretion, et moins de sentiment,
Ou, sans me relâcher à l'éfort du martire,
Que mes yeux, ou ma mort, mon amour pussent dire!
Mais ce cruel enfant, insolent devenu,
Ne peut être à mon mal plus long-temps retenu,
Il me contraint aux pleurs, et par force m'arrache
Les cris qu'au fond du cœur la réverence cache.
    Puis donc que mon respect peut moins que sa douleur,
Je lasche mon discours à l'éfort du malheur;
Et, poussé des ennuis dont mon ame est atteinte,
Par force je vous fais cette piteuse plainte,
Qu'encore ne rendrois-je en ces derniers éforts,
Si mon dernier soûpir ne la jettoit dehors.
Ce n'est pas, toutefois, que pour m'écouter plaindre,
Je tâche par ces vers à pitié vous contraindre,
Ou rendre par mes pleurs vôtre œil moins rigoureux:
La plainte est inutile à l'homme malheureux.
Mais puis qu'il plaît au ciel par vos yeux que je meure,
Vous direz que, mourant, je meurs à la bonne heure,
Et que d'aucun regret mon trépas n'est suivy,
Sinon de n'être mort le jour que je vous vy
Si divine, et si belle, et d'attraits si pourvuë.
Ouï, je devois mourir des traits de vôtre vuë,
Avec mes tristes jours mes miseres finir,
Et par feu, comme Hercule, immortel devenir.
J'eusse, brûlant là-haut en des flammes si claires,
Rendu de vos regards tous les dieux tributaires,
Qui servant, comme moi, de trophée à vos yeux,
Pour vous aimer en terre eussent quitté les cieux.
Eternisant par tout cette haute victoire,
J'eusse engravé là-haut leur honte et vôtre gloire;
Et comme, en vous servant, aux pieds de vos autels,

Ils voudroient pour mourir, n'être point immortels,
Heureusement ainsi j'eusse pû rendre l'ame,
Aprés si bel effet d'une si belle flâme.
Aussi bien tout le temps que j'ay vécu depuis,
Mon cœur, gêné d'amour, n'a vêcu qu'aux ennuis.
Depuis, de jour en jour s'est mon ame enflamée,
Qui n'est plus que d'ardeur et de peine animée.
Sur mes yeux égarez ma tristesse se lit,
Mon âge, avant le temps, par mes maux s'envieillit,
Au gré des passions mes amours sont contraintes,
Mes vers brûlans d'amour ne resonnent que plaintes,
De mon cœur tout flétri l'allegresse s'enfuit;
Et mes tristes pensers, comme oyseaux de la nuit,
Volant dans mon esprit, à mes yeux se présentent,
Et comme ils font du vrai, du faux ils m'épouventent,
Et tout ce qui repasse en mon entendement,
M'apporte de la crainte et de l'étonnement.
Car, soit que je vous pense ingrate, ou secourable,
La playe de vos yeux est toûjours incurable;
Toûjours faut-il, perdant la lumiere et le jour,
Mourir dans les douleurs, ou les plaisirs d'amour.
    Mais tandis que ma mort est encore incertaine,
Attendant qui des deux mettra fin à ma peine,
Ou les douceurs d'amour, ou bien vôtre rigueur,
Je veux sans fin tirer les soûpirs de mon cœur;
Et, devant que mourir ou d'une ou d'autre sorte,
Rendre, en ma passion, si divine et si forte,
Un vivant témoignage à la posterité,
De mon amour extrême, et de vôtre beauté;
Et, par mille beaux vers que vos beaux yeux m'inspirent,
Pour vôtre gloire atteindre où les sçavans aspirent,
Et rendre memorable aux siécles à venir
De vos rares vertus le noble souvenir.

ELEGIE ZELOTYPIQUE II.

BIEN que je sçache au vray tes façons et tes ruses,
J'ai tant et si long temps excusé tes excuses ;
Moi-même je me suis mille fois démenty,
Estimant que ton cœur, par douceur diverty ,
Tiendroit ses laschetez à quelque conscience :
Mais enfin ton humeur force ma patience.
J'accuse ma foiblesse , et sage à mes despens,
Si je t'aymay jadis , ores je m'en repens ;
Et brisant tous ces nœuds, dont j'ai tant fait de conte,
Ce qui me fut honneur, m'est ores une honte.
Pensant m'oster l'esprit, l'esprit-tu m'as rendu ,
J'ai regagné sur moy ce que j'avois perdu.
Je tire un double gain d'un si petit dommage ;
Si ce n'est que trop tard je suis devenu sage.
Toutesfois, le bonheur nous doit rendre contens,
Et, pourveu qu'il nous vienne, ils vient tousjours à temps,
Mais j'ay donc supporté de si lourdes injures !
J'ay donc creu de ses yeux les lumieres parjures ,
Qui , me navrant le cœur, me promettoient la paix,
Et donné de la foy à qui n'en eut jamais !
J'ay donc leu d'autre main ses lettres contrefaites,
J'ay donc sçeu ses façons, recogneu ses déffaites ,
Et comment elle endort de douceur sa maison ,
Et trouve à s'excuser quelque fausse raison :
Un procez, un accord, quelque achat, quelques ventes,
Visites de cousins , de freres, et de tantes ;
Pendant qu'en autre lieu, sans femmes , et sans bruit,
Sous prétexte d'affaire elle passe la nuit.
Et cependant, aveugle en ma peine enflamée ,
Ayant sceu tout cecy, je l'ay toùjours aymée.
Pauvre sot que je suis ! ne devoy-je à l'instant
Laisser là ceste ingrate et son cœur inconstant ?

Encor seroit-ce peu, si, d'amour emportée',
Je n'avois à son teint, et sa mine affectée,
Leu de sa passion les signes évidens,
Que l'amour imprimoit en ses yeux trop ardens.
Mais qu'est-il de besoin d'en dire davantage?
Iray-je rafraîchir sa honte et mon dommage?
A quoy de ses discours diray-je le déffaut?
Comme, pour me piper, elle parle un peu haut,
Et comme bassement, à secrettes volées,
Elle ouvre de son cœur les flames récelées;
Puis, sa voix réhaussant en quelques mots joyeux,
Elle pense charmer les jaloux curieux,
Fait un conte du roy, de la reine, et du Louvre;
Quand, malgré que j'en aye, amour me le découvre,
Me déchiffre aussi-tost son discours indiscret,
(Hélas! rien aux jaloux ne peut estre-secret!)
Me fait voir de ses traits l'amoureux artifice,
Et qu'aux soupçons d'amour trop simple est sa malice?
Ces heurtemens de pieds, en feignant de s'assoir,
Faire sentir ses gands, ses cheveux, son mouchoir;
Ces rencontres de mains, et mille autres caresses,
Qu'usent à leurs amans les plus douces maistresses,
Que je tais par honneur, craignant qu'avec le sien,
En un discours plus grand, j'engageasse le mien?
 Cherche donc quelque sot, au tourment insensible,
Qui souffre ce qu'il m'est de souffrir impossible;
Car pour moy j'en suis las (ingrate) et je ne puis
Durer plus longuement en la peine où je suis.
Ma bouche incessamment aux plaintes est ouverte.
Tout ce que j'aperçois semble jurer ma perte.
Mes yeux toûjours pleurans, de tourment esveillez,
Depuis d'un bon sommeil ne se sont veuz sillez.
Mon esprit agité fait guerre à mes pensées,
Sans avoir reposé vingt nuits se sont passées,

Je vais comme un lutin deça delà courant,
Et ainsi que mon corps, mon esprit est errant.
   Mais tandis qu'en parlant du feu qui me surmonte,
Je despeins en mes vers ma douleur et ta honte;
Amour dedans le cœur m'assaut si vivement,
Qu'avecque tout desdain, je perds tout jugement.
   Vous autres, que j'employe à l'espier sans cesse,
Au logis, en visite, au sermon, à la messe,
Connoissant que je suis amoureux et jaloux,
Pour flatter ma douleur que ne me mentez-vous?
Ha! pourquoi m'estes vous, à mon dam, si fidelles!
Le porteur est fascheux de fascheuses nouvelles.
Déferez à l'ardeur de mon mal furieux,
Feignez de n'en rien voir, et vous fermez les yeux.
Si dans quelque maison, sans femme elle s'arreste,
S'on lui fait au palais quelque signe de teste,
S'elle rit à quelqu'un, s'elle appelle un vallet,
S'elle baille, en cachette, ou reçoit un poullet,
Si dans quelque recoin quelque vieille incognuë,
Marmotant un pater, luy parle, et la saluë;
Déguisez-en le fait, parlez-m'en autrement:
Trompant ma jalousie et vostre jugement,
Dites moi qu'elle est chaste, et qu'elle en a la gloire;
Car bien qu'il ne soit vray, si ne le puis-je croire?
De contraires efforts mon esprit agité,
Douteux s'en court de l'une à l'autre extrémité.
La rage de la hayne, et l'amour me transporte;
Mais j'ay grand peur, enfin, que l'amour soit plus forte:
Surmontons par mespris ce desir indiscret:
Au moins, s'il ne se peut, l'aymeray-je à regret.
Le bœuf n'aime le joug que toutesfois il traine;
Et, meslant sagement mon amour à la hayne,
Donnons luy ce que peut, ou que doit recevoir,
Son merite égalé justement au devoir.

En conseiller d'estat, de discours je m'abuse.
Un amour violent aux raisons ne s'amuse.
Ne sçay-je que son œil, ingrat à mon tourment,
Me donnant ce desir, m'osta le jugement?
Que mon esprit blessé nul bien ne se propose,
Qu'aveugle, et sans raison, je confonds toute chose,
Comme un homme insensé qui s'emporte au parler,
Et dessigne avec l'œil mille chasteaux en l'air?
   C'en est fait pour jamais, la chance en est jettée.
D'un feu si violent mon ame est agitée,
Qu'il faut, bon-gré, mal-gré, laisser faire au destin ;
Heureux ! si par la mort j'en puis estre à la fin.
Et si je puis, mourant en cette frénésie,
Voir mourir mon amour avecq' ma jalousie!
   Mais Dieu ! que me sert-il dé pleurs me consommer,
Si la rigueur du ciel me contraint de l'aimer?
Où le ciel nous incline, à quoi sert la menace?
Sa beauté me rapelle où son défaut me chasse :
Aimant et desdaignant par contraires efforts,
Les façons de l'esprit et les beautez du corps.
Ainsi je ne puis vivre avec elle, et sans elle.
Ha, Dieu ! que fusses-tu ou plus chaste, ou moins belle!
Ou pusses-tu connoistre et voir par mon trespas
Qu'avecque ta beauté mon humeur ne sied pas !
Mais si ta passion est si forte, et si vive,
Que des plaisirs des sens ta raison soit captive,
Que ton esprit blessé ne soit maistre de soy;
Je n'entends en cela te prescrire une loy :
Te pardonnant par moy cette fureur extresme,
Ainsi, comme par toy, je l'excuse en moi-mesme.
Car nous sommes tous deux, en nostre passion,
Plus dignes de pitié que de punition.
Encore, en ce malheur où tu te précipites,
Dois-tu par quelque soin t'obliger les merites,

Connoistre ta beauté, et qu'il te faut avoir,
Avecque ton amour, égard à ton devoir.
Mais, sans discrétion, tu vas à guerre ouverte;
Et, par sa vanité triomphant de ta perte,
Il montre tes faveurs, tout haut il en discourt,
Et ta honte et sa gloire entretiennent la court.
Cependant, me jurant tu m'en dis des injures.
O Dieux! qui sans pitié punissez les parjures,
Pardonnez à ma dame, ou, changeant vos effects,
Vengez plustost sur moy les péchez qu'elle a faicts.
  S'il est vrai sans faveur que tu l'escoutes plaindre,
D'où vient, pour son respect, que l'on te voit contraindre?
Que tu permets aux siens lire en tes passions,
De veiller jour et nuict dessus tes actions;
Que tousjours d'un vallet ta carrosse est suivie,
Qui rend, comme espion, compte exact de ta vie;
Que tu laisse un chacun pour plaire à ses soupçons,
Et que, parlant de Dieu, tu nous faits des leçons,
Nouvelle Magdelaine au desert convertie;
Et jurant que ta flâme est du tout amortie,
Tu prétends finement par cette mauvaitié,
Luy donner plus d'amour, à moi plus d'amitié;
Et me cuidant tromper, tu voudrois faire accroire,
Avecque faux sermens, que la neige fust noire?
Mais comme tes propos, ton art est découvert,
Et chacun, en riant, en parle à cœur ouvert;
Dont je creve de rage, et voyant qu'on te blasme,
Trop sensible en ton mal, de regret je me pasme,
Je me ronge le cœur, je n'ay point de repos,
Et voudrois estre sourd, pour l'estre à ces propos.
Je me hay de te voir ainsi mésestimée.
T'aymant si dignement, j'ayme ta renommée;
Et si je suis jaloux, je le suis seulement
De ton honneur, et non de ton contentement.

Fay tout ce que tu fais, et plus s'il se peut faire ;
Mais choisi pour le moins ceux qui se peuvent taire.
Quel besoin peut-il estre, insensée en amour,
Ce que tu fais la nuict, qu'on le chante le jour ?
Ce que fait un tout seul, tout un chacun le sçache ?
Et monstres en amour ce que le monde cache ?

   Mais puisque le destin à toy m'a sçeu lier,
Et qu'oubliant ton mal, je ne puis t'oublier,
Par ces plaisirs d'amour tous confits en délices,
Par tes appas, jadis à mes vœuz si propices,
Par ces pleurs, que mes yeux et les tiens ont versez,
Par mes soûpirs, au vent, sans profit, dispersez,
Par les dieux, qu'en pleurant tes sermens appellerent,
Par tes yeux, qui l'esprit, par les miens, me volerent,
Et par leurs feux si clairs, et si beaux à mon cœur,
Excuse, par pitié, ma jalouse rancœur ;
Pardonne, par mes pleurs, au feu qui me commande :
Si mon péché fut grand, ma repentance est grande ;
Et voy, dans le regret dont je suis consommé,
Que j'eusse moins failly, si j'eusse moins aimé.

ELEGIE III.

SUR LE MESME SUJET.

Aymant comme j'aymois, que ne devois-je craindre ?
Pouvois-je estre asseuré qu'elle se deust contraindre ?
Et que, changeant d'humeur au vent qui l'emportoit,
Elle eust, pour moy, cessé d'estre ce qu'elle estoit ?
Que laissant d'estre femme, inconstante et légere,
Son cœur, traistre à l'Amour, et sa foy mensongere,
Se rendant en un lieu, l'esprit plus arresté
Peust, au lieu du mensonge, aimer la verité ?

   Non, je croyois tout d'elle, il faut que je le die,
Et tout m'estoit suspect horsmis la perfidie.

Je craignois tous ses traits que j'ay sçus du depuis,
Ses jours de mal de teste, et ses secrettes nuits ;
Quand se disant malade, et de fiévre enflammée,
Pour moy tant seulement sa porte estoit fermée.
Je craignois ses attraits, ses ris, et ses courroux,
Et tout ce dont Amour allarme les jaloux.
  Mais la voyant jurer avec tant d'asseurance,
Je l'advoüe, il est vray, j'estois sans défliance.
Aussi, qui pourroit croire, aprés tant de sermens,
De larmes, de souspirs, de propos véhéments
Dont elle me juroit que jamais de sa vie
Elle ne permettroit d'un autre estre servie ;
Qu'elle aymoit trop ma peine, et qu'en ayant pitié
Je m'en devois promettre une ferme amitié ;
Seulement pour tromper le jaloux populaire,
Que je devois, constant, en mes douleurs me taire,
Me feindre tousjours libre, ou bien me captiver,
Et quelqu'autre perdant, seule la conserver ?
  Cependant, devant Dieu, dont elle a tant de crainte,
Au moins comme elle dit, sa parole estoit feinte ;
Et le ciel luy servit, en cette trahison,
D'infidele moyen pour tromper ma raison.
Et puis il est des dieux témoins de nos paroles !
Non, non, il n'en est point, ce sont contes frivoles,
Dont se repaist le peuple, et dont l'antiquité
Se servit pour tromper nostre imbecilité.
S'il y avoit des dieux, ils se vengeroient d'elle
Et ne la voiroit-on si fiere ny si belle.
Ses yeux s'obscurciroient, qu'elle a tant parjurez,
Son teint seroit moins clair, ses cheveux moins dorez ;
Et le ciel, pour l'induire à quelque pénitence,
Marqueroit sur son front son crime et leur vengeance.
Ou s'il y a des dieux, ils ont le cœur de chair:
Ainsi que nous, d'amour ils se laissent toucher ;

Et, de ce sexe ingrat excusant la malice,
Pour une belle femme ils n'ont point de justice.

IMPUISSANCE.

ELEGIE IV.

Quoy! ne l'avois-je assez en mes vœux desirée?
N'estoit-elle assez belle, ou assez bien parée?
Estoit-elle à mes yeux sans grace et sans appas?
Son sang étoit-il point issu d'un lieu trop bas?
Sa race, sa maison, n'estoit-elle estimée,
Ne valoit-elle point la peine d'estre aimée?
Inhabile au plaisir, n'avoit elle dequoy?
Estoit-elle trop laide, ou trop belle pour moy?
Ha! cruel souvenir! cependant je l'ay euë
Impuissant que je suis, en mes bras toute nuë,
Et n'ay peu, le voulant tous deux également,
Contenter nos desirs en ce contentement.
Au surplus, à ma honte, Amour, que te diray-je?
Elle mit en mon col ses bras plus blancs que neige,
Et sa langue mon cœur par ma bouche embrasa,
Bref, tout ce qu'ose Amour, ma déesse l'osa;
Me suggerant la manne en sa lévre amassée,
Sa cuisse se tenoit en la mienne enlassée,
Les yeux luy petilloient d'un desir langoureux,
Et son ame exhaloit maint soûpir amoureux,
Sa langue, en begayant, d'une façon mignarde,
Me disoit: mais, mon cœur, qu'est-ce qui vous retarde,
N'auroy-je point en moy quelque chose qui peust
Offenser vos désirs, ou bien qui vous depleust?
Ma grace, ma façon, ha! Dieu, ne vous plaist-elle?
Quoy! n'ay-je assez d'amour, ou ne suis-je assez belle?
Cependant, de la main animant ses discours,
Je trompois, impuissant, sa flamme, et mes amours;

Et comme un tronc de bois, charge lourde et pesante,
Je n'avois rien en moy de personne vivante.
Mes membres languissans, perclus, et refroidis,
Par ses attouchemens n'étoient moins engourdis.
Mais quoy ! que deviendray-je en l'extresme vieillesse,
Puisque je suis rétif au fort de ma jeunesse ?
Et si, las ! je ne puis et jeune et vigoureux
Savourer la douceur du plaisir amoureux ?
Ha ! j'en rougis de honte, et dépite mon âge,
Age de peu de force, et de peu de courage,
Qui ne me permet pas, en cest accouplement,
Donner ce qu'en amour peut donner un amant.
Car, Dieux ! ceste beauté par mon défaut trompée,
Se leva le matin de ses larmes trempée,
Que l'amour de dépit écouloit par ses yeux,
Ressemblant à l'Aurore, alors qu'ouvrant les cieux,
Elle sort de son lit, hargneuse et dépitée,
D'avoir, sans un baiser, consommé la nuitée ;
Quand, baignant tendrement la terre de ses pleurs,
De chagrin et d'amour elle enjette ses fleurs.
    Pour flatter mon deffaut, mais que me sert la gloire,
De mon amour passée inutile mémoire ;
Quand aimant ardemment, et ardemment aimé,
Tant plus je combattois, plus j'estois animé :
Guerrier infatigable en ce doux exercice,
Par dix ou douze fois je rentrois en la lice,
Où vaillant et adroit, après avoir brisé,
Des chevaliers d'amour j'étois le plus prisé ?
Mais de cest accident je fais un mauvais conte,
Si mon honneur passé m'est ores une honte ; .
Et si le souvenir trop prompt de m'outrager,
Par le plaisir receu ne me peut soulager.
    O ciel ! il falloit bien qu'ensorcelé je feusse,
Ou, trop ardent d'amour, que je ne m'aperceusse,

Que l'œil d'un envieux nos desseins empeschoit,
Et sur mon corps perclus son venim espanchoit!
Mais qui pourroit atteindre au point de son merite?
Veu que toute grandeur pour elle est trop petite.
Si par l'égal, ce charme a force contre nous,
Autre que Jupiter n'en peut estre jaloux.
Luy seul, comme envieux d'une chose si belle,
Par l'émulation seroit seul digne d'elle.
Hé quoy, là haut au ciel mets-tu les armes bas?
Amoureux Jupiter, que ne viens-tu ça-bas
Jouir d'une beauté sur les autres aimable?
Assez de tes amours n'a caqueté la fable.
C'est ores que tu dois, en amour vif et promt,
Te mettre encore un coup les armes sur le front;
Cacher ta déité dessous un blanc plumage;
Prendre le feint semblant d'un satyre sauvage,
D'un serpent, d'un cocu; et te répandre encor,
Alambiqué d'amour, en grosses gouttes d'or;
Et puisque sa faveur, à moy seul octroyée,
Indigne que je suis, fust si mal employée,
Faveur qui de mortel m'eust fait égal aux dieux,
Si le ciel n'eust esté sur mon bien envieux!
   Mais encor tout boüillant en mes flames premieres,
De quels vœuz redoublez, et de quelles prieres
Iray-je derechef les dieux sollicitant,
Si d'un bien-fait nouveau j'en attendois autant?
Si mes deffauts passez leurs beautez mescontentent,
Et si de leurs bienfaicts je croy qu'ils se repentent?
   Or quand je pense, ô dieux! quel bien m'est advenu,
Avoir veu dans un lit ses beaux membres à nu,
La tenir languissante entre mes bras couchée,
De mesme affection la voir estre touchée,
Me baiser haletant d'amour et de desir,
Par ses chatouillemens réveiller le plaisir!

Ha dieux ! ce sont des traits si sensibles aux ames,
Qu'ils pouroient l'Amour mesme eschauffer de leurs flames,
Si plus froid que la mort ils ne m'eussent trouvé,
Des mysteres d'amour amant trop réprouvé.
Je l'avois, cependant, vive d'amour extresme ;
Mais si je l'eus ainsi, elle ne m'eust de mesme ;
O malheur ! et de moy elle n'eust seulement
Que des baisers d'un frere, et non pas d'un amant.
En vain, cent et cent fois, ie m'efforce à luy plaire,
Non plus qu'à mon desir je n'y puis satisfaire ;
Et la honte, pour lors, qui me saisit le cœur,
Pour m'achever de peindre, esteignit ma vigueur.
    Comme elle recognut, femme mal-satisfaite,
Qu'elle perdoit son temps, du lict elle se jette,
Prend sa juppe, se lace, et puis en se mocquant,
D'un ris et de ces mots elle m'alla piquant :
Non, si j'estois lascive, ou d'amour occupée,
Je me pourois fascher d'avoir esté trompée ;
Mais puisque mon desir n'est si vif, ny si chaud,
Mon tiéde naturel m'oblige à ton défaut.
Mon amour satisfaicte ayme ton impuissance,
Et tire de ta faute assez de récompence,
Qui tousjours dilayant, m'a fait, par le desir,
Esbattre plus long-temps à l'ombre du plaisir.
    Mais estant la douceur par l'effort divertie,
La fureur à la fin rompit sa modestie ;
Et dit en esclatant : pourquoy me trompes-tu ?
Ton impudence à tort a vanté ta vertu ;
Si en d'autres amours ta vigueur s'est usée,
Quel honneur reçois-tu de m'avoir abusée ?
    Assez d'autres propos le despit luy dictoit.
Le feu de son desdain par sa bouche sortoit.
Enfin, voulant cacher ma honte et sa colere,
Elle couvrit son front d'une meilleure chere ;

Se conseille au miroir, ses femmes appela,
Et se lavant les mains, le faict dissimula.

Belle, dont la beauté si digne d'estre aymée,
Eust rendu des plus mortz la froideur enflamée;
Je confesse ma honte, et, de regret touché,
Par les pleurs que j'espands j'accuse mon péché :
Péché d'autant plus grand, que grande est ma jeunesse.
Si homme j'ay failly, pardonnez-moy, déesse.
J'avouë estre fort grand le crime que j'ay fait;
Pourtant jusqu'à la mort, si n'avoy-je forfait,
Si ce n'est à present, qu'à vos pieds je me jette.
Que ma confession vous rende satisfaicte.
Je suis digne des maux que vous me prescrirez.
J'ay meurtry, j'ay volé, j'ay des vœuz parjurez,
Trahy les dieux benins. Inventez à ces vices,
Comme estranges forfaicts, des estranges supplices.
O beauté, faictes en tout ainsi qu'il vous plaist.
Si vous me commandez, à mourir je suis prest.
La mort me sera douce, et d'autant plus encore
Si je meurs de la main de celle que j'adore.
Avant qu'en venir là, au moins souvenez-vous
Que mes armes, non moy, causent vostre courroux;
Que champion d'amour entré dedans la lice,
Je n'eus assez d'haleine à si grand exercice;
Que je ne suis chasseur jadis tant approuvé,
Ne pouvant redresser un deffaut retrouvé.
Mais d'où viendroit ceci ? seroit ce point, maîtresse,
Que mon esprit, du corps précedast la paresse?
Ou que, par le desir trop prompt et violent,
J'allasse, avec le temps, le plaisir consommant?
Pour moy, je n'en sçay rien; en ce fait tout m'abuse.
Mais enfin, ô beauté, recevez pour excuse,
S'il vous plaist derechef que je rentre en l'assaut,
J'espere avec usure amender mon deffaut.

ELEGIE V.

L'homme s'oppose en vain contre la destinée.
Tel a domté sur mer la tempeste obstinée,
Qui, deceu dans le port, esprouve en un instant
Des accidens humains le revers inconstant,
Qui le jette au danger, lors que moins il y pense.
Ores, à mes dépens j'en fais l'experience :
Moy, qui tremblant encor du naufrage passé,
Du bris de mon navire au rivage amassé,
Bastissois un autel aux dieux légers des ondes ;
Jurant mesme la mer, et ses vagues profondes,
Instruit à mes despens, et prudent au danger,
Que je me garderois de croire de léger :
Sçachant qu'injustement il se plaint de l'orage,
Qui remontant sur mer fait un second naufrage.
   Cependant ay-je à peine essuyé mes cheveux,
Et payé dans le port l'offrande de mes vœux,
Que d'un nouveau desir le courant me transporte,
Et n'ay pour l'arrester la raison assez forte.
Par un destin secret mon cœur s'y voit contraint,
Et par un si doux nœud si doucement estreint,
Que, me trouvant épris d'une ardeur si parfaite,
Trop heureux en mon mal, je benis ma défaite,
Et me sens glorieux, en un si beau tourment,
De voir que ma grandeur serve si dignement.
Changement bien étrange en une amour si belle !
Moy, qui rangeois au joug la terre universelle ;
Dont le nom glorieux aux astres eslevé,
Dans le cœur des mortels par vertu s'est gravé ;
Qui fis de ma valeur le hazard tributaire,
A qui rien, fors l'amour, ne pût estre contraire,
Qui commande par tout, indomptable en pouvoir,
Qui sçay donner des loix, et non les recevoir :

Je me vois prisonnier aux fers d'un jeune maistre,
Où je languis esclave, et fais gloire de l'estre ;
Et sont à le servir tous mes vœux obligez.
Mes palmes, mes lauriers en myrthes sont changez,
Qui, servant de trophée aux beautez que j'adore,
Font, en si beau sujet, que ma perte m'honore.

Vous, qui dés le berceau de bon œil me voyez,
Qui du troisième ciel mes destins envoyez,
Belle et sainte planette, astre de ma naissance,
Mon bonheur plus parfait, mon heureuse influence,
Dont la douceur préside aux douces passions,
Vénus, prenez pitié de mes affections ;
Soyez-moy favorable, et faites à cette heure,
Plustost que découvrir mon amour, que je meure :
Et que ma fin témoigne, en mon tourment secret,
Qu'il ne vécut jamais un amant si discret ;
Et qu'amoureux constant, en un si beau martyre,
Mon trépas seulement mon amour puisse dire.

Ha, que la passion me fait bien discourir !
Non, non, un mal qui plaist ne fait jamais mourir.
Dieux! que puis-je donc faire au mal qui me tourmente
La patience est foible, et l'amour violente ;
Et me voulant contraindre en si grande rigueur,
Ma plainte se dérobe, et m'échape du cœur.
Semblable à cet enfant, que la mere en colere,
Après un châtiment veut forcer à se taire :
Il s'efforce de crainte à ne point soûpirer,
A grand peine ose-t-il son haleine tirer ;
Mais nonobstant l'effort, dolent en son courage,
Les sanglots, à la fin, débouchent le passage :
S'abandonnant aux cris, ses yeux fondent en pleurs,
Et faut que son respect défere à ses douleurs.
De mesme, je m'efforce au tourment qui me tuë,
En vain de le cacher mon respect s'évertuë :

Mon mal, comme un torrent, pour un temps retenu,
Renversant tout obstacle, est plus fier devenu.
   Or puis que ma douleur n'a pouvoir de se taire,
Et qu'il n'est ny desert, ny rocher solitaire,
A qui de mon secret je m'osasse fier;
Et que jusqu'à ce point je me dois oublier
Que de dire ma peine en mon cœur si contrainte,
A vous seule, en pleurant, j'adresse ma complainte.
Aussi puisque vostre œil m'a tout seul asservy,
C'est raison que luy seul voye comme je vy;
Qu'il voye que ma peine est d'autant plus cruelle,
Que, seule en l'univers, je vous estime belle :
Et si de mes discours vous entrez en courroux,
Songez qu'ils sont en moy, mais qu'ils naissent de vous;
Et que ce seroit estre ingrate en vos défaites,
Que de fermer les yeux aux playes que vous faites.
   Donc, beauté plus qu'humaine, objet de mes plaisirs,
Délices de mes yeux et de tous mes desirs,
Qui regnez sur les cœurs d'une contrainte aimable,
Pardonnez à mon mal, hélas! trop véritable;
Et lisant dans mon cœur que valent vos attraits,
Le pouvoir de vos yeux, la force de vos traits,
La preuve de ma foy, l'aigreur de mon martyre,
Pardonnez à mes cris de l'avoir osé dire.
Ne vous offencez point de mes justes clameurs,
Et si, mourant d'amour, je vous dis que je meurs.

POESIES DIVERSES.

PLAINTE.

STANCES.

En quel obscur séjour le ciel m'a-t'il réduit ?
Mes beaux jours sont voilez d'une effroyable nuit ;
Et dans un même instant comme l'herbe fauchée,
    Ma jeunesse est sechée.
Mes discours sont changez en funèbres regrets ;
Et mon ame d'ennuis est si fort éperdue ,
Qu'ayant perdu ma dame en ces tristes forêts ,
Je crie, et ne sçay point ce qu'elle est devenuë.

O bois! ô prez! ô monts! qui me fustes jadis,
En l'avril de mes jours, un heureux paradis,
Quand de mille douceurs la faveur de ma dame
    Entretenoit mon ame :
Or' que la triste absence, en l'enfer où je suis
D'un piteux souvenir me tourmente et me tuë ;
Pour consoler mon mal et flatter mes ennuis ,
Hélas , respondez-moy , qu'est-elle devenuë ?

Où sont ces deux beaux yeux ? que sont-ils devenus ?
Où sont tant de beautez, d'Amours et de Vénus
Qui regnoient dans sa veuë, ainsi que dans mes veines
    Les soucis et les peines ?
Helas ! fille de l'air, qui sens ainsi que moy
Dans les prisons d'Amour ton ame détenuë ,
Compagne de mon mal , assiste mon émoy ,
Et responds à mes cris , qu'est-elle devenuë ?

Je voy bien en ce lieu, triste et desespéré,
Du naufrage d'amour ce qui m'est demeuré :
Et bien que loin d'icy le destin l'ait guidée,
    Je m'en forme l'idée.
Je voy dedans ces fleurs les tresors de son teint,
La fierté de son ame en la mer toute émeuë :
Tout ce qu'on voit icy vivement me la peint :
Mais il ne me peint pas ce qu'elle est devenuë.

    Las ! voici bien l'endroit où premier je la vy,
Où mon cœur de ses yeux si doucement ravy,
R jettant tout respect, découvrit à la belle
    Son amitié fidelle.
Je revoy bien le lieu, mais je ne revoy pas
La reyne de mon cœur, qu'en ce lieu j'ay perduë,
O bois ! ô prez ! ô monts ! ses fideles esbats,
Helas ! respondez-moy, qu'est-elle devenuë ?

    Durant que son bel œil ces lieux embellissoit,
L'agréable printemps sous ses pieds florissoit,
Tout rioit auprès d'elle, et la terre parée
    Estoit énamourée.
Ores que le malheur nous en a sçeu priver,
Mes yeux tousjours moüillez d'une humeur continuë,
Ont changé leurs saisons en la saison d'hyver,
N'ayant sçeu découvrir ce qu'elle est devenuë.

    Mais quel lieu fortuné si long-temps la retient ?
Le soleil qui s'absente, au matin nous revient,
Et par un tour reglé, sa chevelure blonde
    Eclaire tout le monde.
Si-tost que sa lumiere à mes yeux se perdit,
Elle est, comme un esclair, pour jamais disparuë ;
Et quoy que j'aye fait, malheureux et maudit,
Je n'ay peu découvrir ce qu'elle est devenuë.

Mais, dieux ! j'ay beau me plaindre, et tousjours sous-
        pirer,
J'ay beau de mes deux yeux deux fontaines tirer,
J'ay beau mourir d'amour et de regret pour elle :
        Chacun me la recelle.
O bois ! ô prez ! ô monts ! ô vous qui la cachez !
Et qui contre mon gré l'avez tant retenuë :
Si jamais de pitié vous vous vistes touchez,
Helas ! respondez-moy, qu'est-elle devenuë ?

Fut-il jamais mortel si malheureux que moy ?
Je lis mon infortune en tout ce que je voy ;
Tout figure ma perte, et le ciel et la terre
        A l'envy me font guerre.
Le regret du passé cruellement me point,
Et rend l'objet présent ma douleur plus aiguë :
Mais las ! mon plus grand mal est de ne sçavoir point,
Entre tant de malheurs, ce qu'elle est devenuë.

Ainsi de toutes parts je me sens assaillir ;
Et voyant que l'espoir commence à me faillir ;
Ma douleur se rengrège, et mon cruel martyre
        S'augmente et devient pire.
Et si quelque plaisir s'offre devant mes yeux,
Qui pense consoler ma raison abbatuë,
Il m'afflige, et le ciel me seroit odieux,
Si là-haut j'ignorois ce qu'elle est devenuë.

Gesné de tant d'ennuis, je m'estonne comment,
Environné d'Amour, et du fascheux tourment
Qu'entre tant de regrets son absence me livre,
        Mon esprit a peu vivre.
Le bien que j'ay perdu me va tiranisant,
De mes plaisirs passez mon ame est combattuë ;
Et ce qui rend mon mal plus aigre et plus cuisant,
C'est qu'on ne peut sçavoir ce qu'elle est devenuë.

Et ce cruel penser qui sans cesse me fuit,
Du trait de sa beauté me pique jour et nuit,
Me gravant en l'esprit la miserable histoire
   D'une si courte gloire.
 Et ces biens, qu'en mes maux encor il me faut voir,
Rendroient d'un peu d'espoir mon âme entretenuë,
Et m'y consolerois, si je pouvois sçavoir
Ce qu'ils sont devenus, et qu'elle est devenuë.

 Plaisirs si tost perdus, helas! où estes-vous?
Et vous, chers entretiens, qui me sembliez si doux,
Où estes-vous allez? hé! où s'est retirée
   Ma belle Cytherée?
 Ha! triste souvenir d'un bien si-tost passé!
Las! pourquoy ne la voy-je, ou pourquoy l'ay-je veuë;
Ou pourquoy mon esprit d'angoisses oppressé,
Ne peut-il découvrir ce qu'elle est devenuë?

 En vain, helas! en vain la vas-tu dépeignant
Pour flatter ma douleur, si le regret poignant
De m'en voir séparé d'autant plus me tourmente,
   Qu'on me la représente.
 Seulement au sommeil j'ay du contentement,
Qui la fait voir présente à mes yeux toute nuë,
Et chatoüille mon mal d'un faux ressentiment;
Mais il ne me dit pas ce qu'elle est devenuë.

 Encor ce bien m'afflige, il n'y faut plus songer.
C'est se paistre du vent, que la nuit s'alléger
D'un mal qui tout le jour me poursuit et m'outrage,
   D'une impiteuse rage.
 Retenu dans des nœuds qu'on ne peut deslier,
Il faut, privé d'espoir, que mon cœur s'évertuë,
Ou de mourir bien-tost, ou bien de l'oublier,
Puisqu'on ne peut sçavoir ce qu'elle est devenuë.

Comment, que je l'oublie! ha! dieux! je ne le puis.
L'oubly n'efface point les amoureux ennuis
Que ce cruel tyran a gravez dans mon ame
    En des lettres de flame.
Il me faut par la mort finir tant de douleurs.
Ayons donc à ce point l'ame bien résoluë;
Et finissant nos jours, finissons nos malheurs,
Puisqu'on ne peut sçavoir ce qu'elle est devenuë.

Adieu donc, clairs soleils, si divins et si beaux,
Adieu l'honneur sacré des forests et des eaux,
Adieu monts, adieu prez, adieu campagne verte,
    De vos beautez déserte.
Las! recevez mon ame en ce dernier adieu.
Puisque de mon malheur ma fortune est vaincuë,
Miserable amoureux, je vay quitter ce lieu,
Pour sçavoir aux enfers ce qu'elle est devenuë.

Ainsi dit Amiante, alors que de sa voix
Il entama les cœurs des rochers et des bois,
Pleurant et soupirant la perte d'Yacée,
    L'objet de sa pensée.
Afin de la trouver, il s'encourt au trespas,
Et comme sa vigueur peu à peu diminuë,
Son ombre pleure, crie, en descendant là-bas:
Esprits, hé! dites-moy, qu'est-elle devenuë?

ODE.

Jamais ne pourray-je bannir
Hors de moy l'ingrat souvenir
De ma gloire si tost passée?
Tousjours pour nourrir mon soucy,
Amour, cet enfant sans mercy,
L'obéira-t-il à ma pensée?

Tyran implacable des cœurs,
De combien d'ameres langueurs
As-tu touché ma fantaisie?
De quels maux m'as-tu tourmenté?
Et dans mon esprit agité,
Que n'a point fait la jalousie?

Mes yeux aux pleurs accoutumez,
Du sommeil n'estoient plus fermez;
Mon cœur frémissoit sous la peine:
A veu' d'œil mon teint jaunissoit,
Et ma bouche, qui gémissoit,
De souspirs estoit toujours pleine.

Aux caprices abandonné,
J'errois d'un esprit forcené,
La raison cedant à la rage:
Mes sens, des desirs emportez,
Flottoient confus de tous costez,
Comme un vaisseau parmy l'orage.

Blasphémant la terre et les cieux,
Mesmes ie m'estois odieux,
Tant la fureur troubloit mon ame:
Et bien que mon sang amassé,
Autour de mon cœur fust glacé,
Mes propos n'estoient que de flâme.

Pensif, frénétique, et resvant,
L'esprit troublé, la teste au vent,
L'œil hagard, le visage blesme:
Tu me fis tous maux éprouver;
Et sans jamais me retrouver,
Je m'allois cherchant en moy mesme.

Cependant , lorsque je voulois,
Par raison enfraindre tes loix,
Rendant ma flame refroidie :
Pleurant, j'accusay ma raison ,
Et trouvay que la guérison
Est pire que la maladie.

Un regret pensif et confus
D'avoir esté , et n'estre plus,
Rend mon ame aux douleurs ouverte;
A mes dépens, las ! je voy bien,
Qu'un bon-heur comme estoit le mien
Ne se connoist que par la perte.

CONTRE UN AMOUREUX TRANSI.

STANCES.

Pourquoy perdez-vous la parole,
Aussi-tost que vous rencontrez
Celle que vous idolâtrez ,
Devenant vous mesme une idole?
Vous estes là sans dire mot,
Et ne faites rien que le sot.

Par la voix Amour vous suffoque,
Si vos souspirs vont au devant,
Autant en emporte le vent,
Et vostre déesse s'en mocque :
Vous jugeant de mesme imparfaict
De la parole et de l'effect.

Pensez-vous la rendre abatuë
Sans vostre fait luy déceler?

Faire les doux yeux sans parler,
C'est faire l'amour en tortuë.
La belle fait bien de garder
Ce qui vaut bien le demander.

Voulez-vous, en la violence
De vostre longue affection,
Monstrer une discretion?
Si on la voit par le silence,
Un tableau d'amoureux transi
I. peut bien faire tout ainsi.

Souffrir mille et mille traverses,
N'en dire mot, prétendre moins,
Donner ses tourmens pour tesmoins
De toutes ses peines diverses,
Des coups n'estre point abatu;
C'est d'un asne avoir la vertu.

L'effort fait plus que le merite,
Car pour trop mériter un bien,
Le plus souvent on n'en a rien;
Et dans l'amoureuse poursuite,
Quelquesfois l'importunité
Fait plus que la capacité.

J'approuve bien la modestie,
Je hay les amans effrontez.
Evitons les extrémitez.
Mais des dames une partie,
Comme estant sans élection,
Juge en discours l'affection.

En discourant à sa maistresse,
Que ne promet l'amant subtil?

Car chacun, tant pauvre soit-il,
Peut estre riche de promesse.
« Les grands, les vignes, les amans
» Trompent tousjours de leurs sermens. »

Mais vous ne trompez que vous mesme,
En faisant le froid à desseiu.
Je croy que vous n'estes pas sain :
Vous avez le visage blesme.
Où le front a tant de froideur,
Le cœur n'a pas beaucoup d'ardeur.

Vostre belle, qui n'est pas lourde,
Rit de ce que vous en croyez.
Qui vous void, pense que soyez
Ou vous muët, ou elle sourde.
Parlez, elle vous oira bien ;
Mais elle attend, et n'entend rien.

Elle attend d'un desir de femme,
D'ouyr de vous quelques beaux mots.
Mais s'il est vray qu'à nos propos
On reconnoist quelle est nostre ame ;
Elle vous croit, à cette fois,
Manquer d'esprit comme de voix.

Qu'un honteux respect ne vous touche :
Fortune aime un audacieux.
Pensez, voyant Amour sans yeux,
Mais non pas sans mains, ny sans bouche;
Qu'après ceux qui font des présens,
L'Amour est pour les bien-disons.

LOUANGES DE MACETTE.

BELLE et savoureuse Macette,
Vous estes si gente et doucette,
Et avez si doux le regard,
Que si vos vertus et merites
N'étoient en mes œuvres décrites,
Je croirois mériter la hard.

Ouy, je croirois qu'on me deût pendre,
Si je ne m'éforçois de rendre,
Avec de doubles interests,
Vostre nom autant en estime,
Au mont des muses, par ma rime,
Comme il l'est dans les cabarets.

Puis vostre amour, qui s'abandonne,
Ne refusa jamais personne,
Tant elle est douce à l'amitié.
Aucun respect ne vous retarde ;
Et fût-il crieur de moutarde,
Vous en avez toûjours pitié.

Vostre poil, que le temps ne change,
Et aussi doré qu'une orange,
Et plus qu'un chardon frisotté ;
Et vostre tresse non confuse,
Semble à ces mesches d'arquebuse,
Qu'un cadet porte à son costé.

Vostre face est plus reluisante
Que n'est une table d'attente,
Où l'on assiet de la couleur ;
Et vostre œil a telle étincelle,
Que le soleil n'est, auprès d'elle,
Qu'un cierge de la Chandeleur.

La muse autour de vostre bouche,
Volant ainsi comme une mouche,
De miel vous embrène le bec :
Et vos paroles nompareilles
Résonnent doux à nos oreilles,
Comme les cordes d'un rebec.

Les graces, d'amour eschauffées,
Nuds pieds, sans juppes, décoiffées,
Si tiennent toutes par la main ;
Et d'une façon sadinette,
Se branslent à l'escarpolette,
Sur les ondes de vôtre sein.

Vénus, autour de vos œillades,
En cotte fait mille gambades ;
Et les Amours, comme poussins,
Ou comme oysons hors de la muë,
Qui ont mangé de la ciguë,
Semblent dancer les matassins.

Vostre œil chaud à la picorée,
L'esbat de Vénus la dorée,
Ne laisse rien passer sans flus ;
Et vostre mine de poupée,
Prend les esprits à la pipée,
Et les appétits à la glus.

Je ne m'estonne donc, Macette,
Estant si gente et si doucette,
Vostre œil si saint et si divin,
Si vous avez tant de pratique ;
Et s'il n'est courtaut de boutique
Qui chez vous ne prenne du vin.

Car, sans nulle misericorde,
Je serois digne de la corde,
Si d'un caprice fantastic
Je n'allois chantant vos loüanges ;
Priant Dieu, les saints, et les anges,
Qu'ils vous conservent au public.

Ce n'est pas pourtant qu'il me chaille,
Que chez vous la vendange faille ;
Mais je craindrois doresnavant,
Que vostre vin, qui se disperse,
Veu le long temps qu'il est en perce,
Se sentist un peu de l'évent.

STANCES.

Si vostre œil tout ardent d'amour et de lumiere,
De mon cœur vostre esclave est la flamme premiere
Que comme un astre saint je révère à genoux,
    Pourquoy ne m'aymez-vous ?

Si vous que la beauté rend ores si superbe,
Devez, comme une fleur qui flestrit dessus l'herbe,
Esprouver des saisons l'outrage et le courroux,
    Pourquoy ne m'aymez-vous ?

Voulez-vous que vostre œil en amour si fertile
Vous soit de la nature un présent inutile?
Si l'Amour comme un dieu se communique à tous,
    Pourquoy ne m'aymez-vous ?

Attendez-vous qu'un jour un regret vous saisisse?
C'est à trop d'interests imprimer un supplice.
Mais puisque nous vivons en un âge si doux,
    Pourquoy ne m'aymez-vous ?

Si vostre grand' beauté toutes beautés excelle,
Le ciel pour mon malheur ne vous fist point si belle :
S'il semble en son dessein avoir pitié de nous,
    Pourquoy ne m'aymez-vous ?

Si j'ai, pour vous aymer, ma raison offensée,
Mortellement blessé d'une flesche insensée
Sage en ce seul esgard que j'en bénys les coups,
    Pourquoy ne m'aymez-vous ?

La douleur, m'estrangeant de toute compagnie,
De mes jours malheureux a la clarté bannie;
Et si dans ce malheur pour vous je me résous,
    Pourquoy ne m'aymez-vous ?

Fasse le ciel qu'enfin vous puissiez recognoistre
Que mon mal a de vous sôn essence et son estre.
Mais, Dieu! puisqu'il est vray, yeux qui m'estes si doux,
    Pourquoy ne m'aymez-vous?

COMPLAINTE.

STANCES.

Vous qui violentez nos volontez subjettes,
Oyez ce que je dis, voyez ce que vous faites :
Plus vous la fermerez plus ferme elle sera,
Plus vous la forcerez plus elle aura de force,
Plus vous l'amortirez plus elle aura d'amorce,
Plus elle endurera plus elle durera.

Cachez-la, serrez-la, tenez-la bien contraincte,
L'attache de nos cœurs d'une amoureuse estraincte
Nous couple beaucoup plus qu'elle ne nous dejoincts ;
Nos corps sont désunis, nos ames enlacées,
Nos corps sont séparés et non point nos pensées :
Nous sommes désunis et ne le sommes point.

Vous me faictes tirer profit de mon dommage ;
En croissant mon tourment vous croissez mon courage
En me faisant du mal vous me faictes du bien ;
Vous me rendez content me rendant miserable ;
Sans vous estre obligé je vous suis redevable ;
Vous me faictes beaucoup et ne me faictes rien.

Ce n'est pas le moyen de me pouvoir distraire.
L'ennemi se rend fort voyant son adversaire :
Au fort de mon malheur je me roidis plus fort.
Je mesure mes maux avecques ma constance :
J'ai de la passion et de la patience :
Je vis jusqu'à la mort, j'aime jusqu'à la mort.

Bandez-vous contre moi : que tout me soit contraire
Tous vos efforts sont vains : et que pouvez-vous faire?
Je sens moins de rigueur que je n'ai de vigueur.
Comme l'or se rafine au milieu de la flamme
Je despite ce feu où j'épure mon âme
Et vais contre-carrant ma force et ma langueur.

Le palmier généreux, d'une constante gloire
Tousjours s'opiniastre à gagner la victoire ;
Qui ne se rend jamais à la mercy du poids,
Le poids le fait plus fort, et l'effort le renforce,
Et surchargeant sa charge on renforce sa force.
Il eslève le faix en eslevant son bois.

Et le fer refrappé sous les mains résonnantes
Deffie des marteaux les secousses battantes,
Est battu, combattu et non pas abattu ;
Ne craint beaucoup le coup, se rend impénétrable,
Se rend, en endurant, plus fort et plus durable ;
Et les coups redoublés redoublent sa vertu.

Par le contraire vent en soufflantes bouffées
Le feu va ratisant ses ardeurs étouffées :
Il bruit au bruit du vent, souffle au soufflet venteux,
Murmure, gronde, craque à longues hallenées ;
Il tonne, estonne tout de flammes entonnées :
Ce vent disputé boufle et bouffit despiteux.

Le faix, le coup, le vent, roidit, durcit, embraze
L'arbre, le fer, le feu par antiperistaze.
On me charge, on me bat, on m'esvente souvent ;
Roidissant, durcissant et bruslant en mon ame
Je fais comme la palme et le fer et la flamme
Qui despite le faix et le coup et le vent.

Le faix de mes travaux esleve ma constance,
Le coup de mes malheurs endurcit ma souffrance,
Le vent de ma fortune attise mes desirs.
Toi, pour qui je pastis, subject de mon attente,
O ame de mon ame, sois contente et constante,
Et joyeuse jouis de mes tristes plaisirs.

Nos deux corps sont à toy, je ne suis plus que d'ombre;
Nos ames sont à toy, je ne sers que de nombre :
Las ! puisque tu es tout et que je ne suis rien
Je n'ay rien en t'ayant ou j'ay tout au contraire.
Avoir et rien et tout, comme se peut-il faire ?
C'est que j'ay tous les maux et je n'ay point de bien.

J'ay un ciel de désirs, un monde de tristesse,
Un univers de maux, mille feux de détresse :
J'ay un ciel de sanglots et une mer de pleurs;
J'ay mille jours d'ennuy, mille jours de disgrace,
Un printemps d'espérance et un hiver de glace,
De souspirs un automne, un esté de chaleurs.

14.

Clair soleil de mes yeux, si je n'ay ta lumiere,
Une aveugle nuée évite ma paupiere,
Une pluye de pleurs découle de mes yeux.
Les clairs éclairs d'amour, les esclats de son foudre
Entrefendent mes nuicts et m'écrasent en poudre :
Quand j'entonne mes cris lors j'étonne les cieux.

Vous qui lisez ces vers, larmoyez tous mes larmes ;
Souspirez mes souspirs vous qui lisez mes carmes :
Car vos pleurs et mes pleurs amortiront mes feux :
Vos souspirs, mes souspirs animeront ma flamme ;
Le feu s'esteint de l'eau et le souffle l'enflamme.
Pleurez, pleurez toujours et ne souspirez plus.

Tout moite, tout venteux, je pleure, je souspire
Pour, esteignant mon feu, amortir le martyre :
Mais l'humeur est trop loing et le souffle trop près.
Le feu s'esteint soudain, soudain il se renflamme.
Si les eaux de mes pleurs amortissent ma flamme
Les vents de mes desirs les tarissent après.

La froide salamandre, au chaud antipathique,
Met parmy le brasier sa froideur en pratique
Et la bruslante ardeur n'y nuit que point ou peu.
Je dure dans le feu comme la salamandre ;
Le chaud ne la consomme, il ne me met en cendre,
Elle ne craint la flamme et je ne crains le feu.

Mais elle est sans le mal et moy sans le remède.
Moi extrêmement chaud, elle extrêmement froide :
Si je porte mon feu elle porte son glas ;
Loing ou près de la flamme elle ne craint la flamme ;
Ou près ou loing du feu j'ay du feu dans mon âme ;
Elle amortit son feu, moi je ne l'esteins pas.

Belle ame de mon corps, bel esprit de mon âme,
Flamme de mon esprit et chaleur de ma flamme,
J'ennuie tous les vifs, j'ennuie tous les morts.
Ma vie, si tu veux, ne peut estre ravie,
Veu que ta vie est plus la vie de ma vie
Que ma vie n'est pas la vie de mon corps.

Je vis par et pour toy, ainsi que pour moy-mesme;
Tu vis par et pour toy, ainsi que pour toy-mesme:
Nous n'avons qu'une vie et n'avons qu'un trespas.
Je ne veux pas ta mort, je desire la mienne;
Mais ma mort est ta mort, et ma vie est la tienne;
Aussi je veux mourir et je ne le veux pas.

STANCES POUR LA BELLE CLORIS.

CLORIS, le bien qui m'importune
Ne change ma condition :
Le changement de ma fortune
Ne finit pas ma passion.

Mon amour est trop légitime
Pour se rendre à ce changement :
Et vous quitter seroit un crime
Digne d'un cruel chatiment.

Vous avez dessus moy, madame,
Un pouvoir approuvé du temps;
Car les vœux que j'ay dans mon âme
Servent d'exemple aux plus contents.

Quelque force dont on essaye
D'assujettir ma volonté,
Je bénirai toujours la playe
Que je sens par votre beauté.

Je veux que mon amour fidelle
Vous oblige autant à m'aymer,
Comme la qualité de belle
Vous faict ici-bas estimer.

Mon âme à vos fers asservie,
Et par amour et par raison,
Ne peut consentir que ma vie
Sorte jamais de sa prison.

N'adorant ainsi que vos chaisnes
Je me plais si fort en ce lien,
Qu'il semble que parmy mes peines
Mon âme gouste quelque bien.

Vos vœux, où mon âme se fonde,
Me seront à jamais si chers,
Que mes vœux seront en ce monde
Aussi fermes que des rochers.

Ne croyez donc pas que je laisse
Vostre prison qui me retient,
Car jamais un effet ne cesse
Tant que la cause le maintient.

DIALOGUE.

CLORIS et PHILIS.

CLORIS.

Philis, œil de mon cœur, et moitié de moi-mesme,
Mon amour, qui te rend le visage si blesme?
Quels sanglots, quels souspirs, quelles nouvelles pleurs,
Noyent de tes beautez les graces et les fleurs?

PHILIS.

Ma douleur est si grande, et si grand mon martyre,
Qu'il ne se peut, Cloris, ny comprendre ny dire.

CLORIS.

Ces maintiens égarez, ces pensers esperdus,
Ces regrets et ces cris par ces bois espandus,
Ces regards languissans, en leur flames discrettes,
Me sont de ton amour les paroles secrettes.

PHILIS.

Ha! Dieu, qu'un divers mal diversement me point!
J'ayme; hélas! non, Cloris, non, non, je n'ayme point.

CLORIS.

La honte ainsi dément, ce que l'amour décelle,
La flame de ton cœur par tes yeux estincelle,
Et ton silence mesme, en ce profond malheur,
N'est que trop éloquent à dire ta douleur.
Tout parle en ton visage; et, te voulant contraindre,
L'amour vient, malgré toi, sur ta lèvre se plaindre.
Pourquoy veux-tu, Philis, aimant comme tu fais,
Que l'amour se démente en ses propres effets?
Ne sçais-tu que ces pleurs, que ces douces œillades,
Ces yeux, qui se mourant, font les autres malades,
Sont théâtres du cœur, où l'amour vient joüer
Les pensers que la bouche a honte d'avoüer?
N'en fais donc point la fine, et vainement ne cache
Ce qu'il faut, malgré toy, que tout le monde sçache;
Puisque le feu d'amour, dont tu veux triompher,
Se montre d'autant plus qu'on le pense étouffer.
L'Amour est un enfant nud, sans fard et sans crainte,
Qui se plaist qu'on le voye, et qui fuit la contrainte.
Force donc tout respect, ma chere fille, et croy

Que chacun est sujet à l'Amour comme toy.
En jeunesse j'aimay, ta mere fit de mesme,
Licandre aima Lisis, et Félisque Philesme ;
Et si l'âge esteignit leur vie et leurs soûpirs,
Par ces plaines encore on en sent les zéphirs.
Ces fleuves sont encor tout enflez de leurs larmes,
Et ces prez tout ravis de tant d'amoureux charmes ;
Encore oit-on l'éco redire leurs chansons,
Et leurs noms sur ces bois gravez en cent façons.
Mesmes que penses-tu ? Bérénice la belle,
Qui semble contre Amour si fiére et si cruelle,
Me dit tout franchement, en pleurant, l'autre jour,
Qu'elle estoit sans amant, mais non pas sans amour.
Telle encor qu'on me voit, j'ayme de telle sorte,
Que l'effet en est vif, si la cause en est morte.
Es cendres d'Alexis Amour nourrit le feu
Que jamais par mes pleurs éteindre je n'ay peu.
Mais comme d'un seul trait nostre ame fut blessée,
S'il n'avoit qu'un desir, je n'eus qu'une pensée.

PHILIS.

Ha ! n'en dis davantage, et de grace, ne rends
Mes maux plus douloureux, ny mes ennuis plus grands.

CLORIS.

D'où te vient le regret dont ton ame est saisie ?
Est-ce infidelité, mépris, ou jalousie ?

PHILIS.

Ce n'est ny l'un, ny l'autre, et mon mal rigoureux
Excede doublement le tourment amoureux.

CLORIS.

Mais ne peut-on sçavoir le mal qui te possede ?

PHILIS.

A quoy serviroit-il, puis qu'il est sans remede?

CLORIS.

Volontiers les ennuis s'alègent aux discours.

PHILIS.

Las! je ne veux aux miens ny pitié, ny secours.

CLORIS.

La douleur que l'on cache est la plus inhumaine.

PHILIS.

Qui meurt en se taisant, semble mourir sans peine.

CLORIS.

Peut-estre en la disant te pourrai-je guerir.

PHILIS.

Tout remede est fâcheux alors qu'on veut mourir.

CLORIS.

Au moins avant la mort dis où le mal te touche.

PHILIS.

Le secret de mon cœur ne va point en ma bouche.

CLORIS.

Si je ne me déçois, ce mal te vient d'aimer?

PHILIS.

Cloris, d'un double feu je me sens consumer.

CLORIS.

La douleur, malgré-toy, la langue te dénouë.

PHILIS.

Mais faut-il, à ma honte, hélas, que je l'avouë?

Et que je die un mal pour qui jusques ici
J'eus la bouche fermée, et le cœur si transi,
Qu'étouffant mes soûpirs, aux bois, aux prez, aux plaines,
Je ne pûs, ny n'osay discourir de mes peines?

CLORIS.

Avec toi mourront donc tes ennuis rigoureux!

PHILIS.

Mon cœur est un sépulcre honorable pour eux.

CLORIS.

Je croy lire en tes yeux quelle est ta maladie.

PHILIS.

Si tu la vois, pourquoi veux-tu que je la die?
Auray-je assez d'audace à dire ma langueur?
Ha! perdons le respect, où j'ay perdu le cœur.
J'ayme, j'ayme, Cloris; et cet enfant d'Eryce,
Qui croit que c'est pour moy trop peu que d'un suplice,
De deux traits qu'il tira des yeux de deux amans,
Cause en moy ces douleurs, et ces gémissemens :
Chose encor inoüie, et toutefois non feinte,
Et dont jamais bergere à ces bois ne s'est plainte!

CLORIS.

Seroit-il bien possible?

PHILIS.

A mon dam tu le vois.

CLORIS.

Comment! qu'on puisse aimer deux hommes à la fois!

PHILIS.

Mon malheur en ceci n'est que trop veritable;
Mais las! il est bien grand, puisqu'il n'est pas croyable.

CLORIS,

Qui sont ces deux bergers dont ton cœur est espoint ?

PHILIS.

Amynte et Philémon ; ne les connois-tu point ?

CLORIS.

Ceux qui furent blessez, lors que tu fus ravie ?

PHILIS.

Ouy, ces deux dont je tiens et l'honneur et la vie.

CLORIS.

J'en sçay tout le discours, mais dy-moy seulement
Comme amour par leurs yeux charma ton jugement ?

PHILIS.

Amour tout dépité de n'avoir point de flesche
Assez forte pour faire en mon cœur une bresche,
Voulant qu'il ne fût rien dont il ne fût vainqueur,
Fit par les coups d'autrui cette playe en mon cœur :
Quand ces bergers navrez, sans vigueur, et sans armes,
Tout moites de leur sang, comme moy de mes larmes,
Près du satyre mort, et de moy, que l'ennuy
Rendoit en apparence aussi morte que lui,
Firent voir à mes yeux, d'une piteuse sorte,
Qu'autant que leur amour leur valeur estoit forte.
Ce traître, tout couvert de sang et de pitié,
Entra dedans mon cœur sous couleur d'amitié,
Et n'y fut pas plustost, que morte, froide, et blesme,
Je cessay, toute en pleurs, d'estre plus à moi mesme.
J'oubliay pere et mere, et troupeaux, et maison.
Mille nouveaux desirs saisirent ma raison.
J'erray deçà, delà, furieuse, insensée,
De pensers en pensers s'égara ma pensée ;

Et comme la fureur étoit plus douce en moy,
Réformant mes façons, je leur donnois la loy.
J'accommodois ma grace, agençois mon visage,
Un jaloux soin de plaire excitoit mon courage,
J'allois plus retenuë, et composois mes pas,
J'apprenois à mes yeux à former des appas ;
Je voulois sembler belle, et m'éforçois à faire
Un visage qui pûst également leur plaire :
Et lors qu'ils me voyoient par hazard tant soit peu,
Je frissonnois de peur craignant qu'ils eussent veu
(Tant j'estois en amour innocemment coupable)
Quelque façon en moy qui ne fust agreable.
Ainsi, tousjours en transe, en ce nouveau soucy,
Je disois à part-moy, las ! mon Dieu ! qu'est-ceci ?
Quel soin, qui de mon cœur s'estant rendu le maistre,
Fait que je ne suis plus ce que je soulois estre ?
D'où vient que jour et nuit je n'ay point de repos,
Que mes soûpirs ardens traversent mes propos ;
Que loin de la raison tout conseil je rejette,
Que je sois, sans sujet, aux larmes si sujette ?
Ha ! sotte, répondois-je après, en me tançant,
Non, ce n'est que pitié que ton ame ressent
De ces bergers blessez ; te fasches-tu, cruelle,
Aux doux ressentimens d'un acte si fidele ?
Serois-tu pas ingrate en faisant autrement ?
Ainsi je me flattois en ce faux jugement,
Estimant en ma peine, aveugle et langoureuse,
Estre bien pitoyable, et non pas amoureuse.
Mais, las ! en peu de temps je connus mon erreur,
Tardive connoissance à si prompte fureur !
J'aperçeus, mais trop tard, mon amour véhémente.
Les connoissant amans, je me connus amante.
Aux rayons de leur feu, qui luit si clairement,
Helas ! je vis leur flame, et mon embrasement,

Qui croissant par le temps, s'augmenta d'heure en heure,
Et croistra, ç'ay-je peur, jusqu'à tant que je meure.
Depuis, de mes deux yeux le sommeil se bannit.
La douleur de mon cœur mon visage fannit.
Du soleil, à regret, la lumiere m'éclaire,
Et rien que ces bergers au cœur ne me peut plaire.
Mes flèches et mon arc me viennent à mépris,
Un choc continuel fait guerre à mes esprits,
Je suis du tout en proye à ma peine enragée,
Et pour moy, comme moy, toute chose est changée.
Nos champs ne sont plus beaux, ces prez ne sont plus verts,
Ces arbres ne sont plus de feüillages couverts,
Ces ruisseaux sont troublez des larmes que je verse,
Ces fleurs n'ont plus d'émail en leur couleur diverse,
Leurs attraits si plaisans, sont changez en horreur,
Et tous ces lieux maudits n'inspirent que fureur,
Icy, comme autrefois, ces pastis ne fleurissent,
Comme moy, de mon mal, mes troupeaux s'amaigrissent,
Et mon chien m'abbayant, semble me reprocher,
Que j'ay ore à mépris ce qui ne fut si cher.
Tout m'est à contre-cœur, hormis leur souvenance.
Hélas ! je ne vis point, sinon lors que j'y pense,
Ou lors que je les vois, et que vivante en eux,
Je puise dans leurs yeux un venin amoureux.
Amour, qui pour mon mal me rend ingénieuse,
Donnant trêve à ma peine ingrate et furieuse,
Les voyant, me permet l'usage de raison,
Afin que je m'efforce après leur guerison ;
Me fait panser leurs maux ; mais las ! en vain j'essaye,
Par un mesme appareil pouvoir guerir ma playe !
Je sonde de leurs coups l'étrange profondeur,
Et ne m'étonne point pour en voir la grandeur.
J'étuve de mes pleurs leurs blessures sanglantes,
Hélas ! à mon malheur, blessures trop blessantes,

Puisque vous me tuez, et que mourant par vous,
Je souffre en vos douleurs, et languis de vos coups !

CLORIS.

Brûlent-ils comme toy d'amour démesurée ?

PHILIS.

Je ne sçay ; toutefois, j'en pense estre assurée.

CLORIS.

L'amour se persuade assez légèrement.

PHILIS.

Mais ce que l'on desire, on le croit aisément.

CLORIS.

Le bon amour, pourtant, n'est point sans défiance.

PHILIS.

Je te diray surquoy j'ay fondé ma croyance :
Un jour, comme il avint qu'Amynte étant blessé,
Et qu'estant de sa playe et d'amour opressé,
Ne pouvant clorre l'œil, éveillé du martyre,
Se pleignoit en pleurant, d'un mal qu'il n'osoit dire ;
Mon cœur, qui du passé, le voyant, se souvint,
A ce piteux objet toute pitié revint,
Et ne pouvant souffrir de si rude alarmes,
S'ouvrit à la douleur, et mes deux yeux aux larmes.
Enfin comme ma voix, ondoyante à grands flots,
Eut trouvé le passage entre mille sanglots,
Me forçant en l'accez du tourment qui me grève,
J'obtins de mes douleurs à mes pleurs quelque trève.
Je me mis à chanter, et le voyant gémir,
En chantant, j'invitois ses beaux yeux à dormir ;
Quand lui, tout languissant, tournant vers moi sa teste,
Qui sembloit un beau lis battu de la tempeste,

Me lançant un regard qui le cœur me fendit,
D'une voix rauque et casse, ainsi me répondit :
Philis, comme veux-tu qu'absent de toy je vive ?
Ou bien qu'en te voyant, mon ame, ta captive,
Trouve, pour endormir son tourment furieux,
Une nuit de repos au jour de tes beaux yeux ?
Alors toute surprise en si prompte nouvelle,
Je m'enfuy de vergongne, où Filémon m'apelle,
Qui navré, comme luy, de pareils accidens,
Languissoit en ses maux trop vifs et trop ardens.
Moy, qu'un devoir égal à mesme soin invite,
Je m'aproche de luy, ses playes je visite,
Mais, las ! en m'aprestant à ce piteux dessein,
Son beau sang qui s'émeut, jaillit dessus mon sein ;
Tombant évanoüi, toutes ses playes s'ouvrent,
Et ses yeux, comme morts, de nuages se couvrent.
Comme avecque mes pleurs je l'eûs fait revenir,
Et me voyant sanglante en mes bras le tenir,
Me dit, belle Philis, si l'amour n'est un crime,
Ne méprisez le sang qu'épand cette victime.
On dit qu'estant touché de mortelle langueur,
Tout le sang se resserre, et se retire au cœur.
Las ! vous estes mon cœur, où pendant que j'expire,
Mon sang brûle d'amour, s'unit et se retire.
Ainsi de leurs desseins, je ne puis plus douter ;
Et lors, moy, que l'amour oneques ne sçut dompter,
Je me sentis vaincuë, et glisser en mon ame,
De ces propos si chauds, et si brûlans de flame,
Un rayon amoureux qui m'enflama si bien,
Que tous mes froids dédains n'y servirent de rien.
Lors je m'en cours de honte où la fureur m'emporte,
N'ayant que la pensée, et l'Amour pour escorte ;
Et suis comme la biche, à qui l'on a percé
Le flanc mortellement d'un garot traversé,

15.

Qui fuit dans les forests, et tousjours avec elle
Porte, sans nul espoir, sa blessure mortelle.
Las! je vay, tout de mesme, et ne m'apperçois pas,
O malheur! qu'avec moy, je porte mon trépas.
Je porte le tyran qui de poison m'enyvre,
Et qui, sans me tuer, en ma mort me fait vivre.
Heureuse, sans languir si long-temps aux abbois,
Si j'en puis échapper pour mourir une fois!

CLORIS.

Si d'une mesme ardeur leur ame est enflamée,
Te plains-tu d'aimer bien, et d'estre bien aimée?
Tu les peux voir tous deux, et les favoriser.

PHILIS.

Un cœur se pourroit-il en deux parts diviser?

CLORIS.

Pourquoy non? c'est erreur de la simplesse humaine;
La foy n'est plus au cœur qu'une chimere vaine,
Tu dois, sans t'arrester à la fidelité,
Te servir des amans comme des fleurs d'esté,
Qui ne plaisent aux yeux qu'étant toutes nouvelles.
Nous avons, de nature, au sein doubles mammelles,
Deux oreilles, deux yeux, et divers sentimens;
Pourquoy ne pourions-nous avoir divers amans?
Combien en connoissé-je à qui tout est de mise,
Qui changent plus souvent d'amans que de chemise?
La grâce, la beauté, la jeunesse et l'amour,
Pour les femmes ne sont qu'un empire d'un jour,
Encor que d'un matin; car à qui bien y pense,
Le midy n'est que soin, le soir que repentance.
Puis donc qu'Amour te fait d'amans provision,
Use de ta jeunesse, et de l'occasion,
Toutes deux, comme un trait de qui l'on perd la trace,

S'envolent, ne laissant qu'un regret en leur place.
Mais si ce proceder encore t'est nouveau,
Choisy lequel des deux te semble le plus beau.

PHILIS.

Ce remède ne peut à mon mal satisfaire.
Puis nature et l'Amour me défend de le faire.
En un choix si douteux s'égare mon desir.
Ils sont tous deux si beaux qu'on n'y peut que choisir.
Comment beaux ! Ha ! nature, admirable en ouvrages,
Ne fit jamais deux yeux, ny deux si beaux visages :
Un doux aspect qui semble aux amour convier.
L'un n'a rien qu'en beauté l'autre puisse envier.
L'un est brun, l'autre blond, et son poil, qui se dore
En filets blondissans, est semblable à l'Aurore,
Quand toute échevelée, à nos yeux soûriant
Elle émaille de fleurs les portes d'Orient ;
Ce teint blanc et vermeil où l'Amour rit aux Graces,
Cet œil qui fond des cœurs les rigueurs et les glaces,
Qui foudroye en regards, ébloüit la raison,
Et tuë, en basilic, d'un amoureux poison ;
Cette bouche si belle, et si pleine de charmes ;
Où l'Amour prend le miel dont il trempe ses armes ;
Ces beaux traits de discours, si doux et si puissans,
Dont l'Amour par l'oreille assujettit mes sens,
A ma foible raison font telle violence,
Qu'ils tiennent mes desirs en égale balance :
Car si de l'un des deux je me veux départir,
Le ciel, non plus que moy, ne peut y consentir.
L'autre, pour estre brun, aux yeux n'a moins de flâmes
Il seme, en regardant, du soufre dans les ames,
Donne aux cœurs aveuglez la lumiere et le jour :
Ils semblent deux soleils en la sphere d'Amour.
Car si l'un est pareil à l'Aurore vermeille,

L'autre, en son teint plus brun, a la grace pareille,
A l'astre de Vénus, qui doucement reluit,
Quand le soleil tombant dans les ondes s'enfuit.
Sa taille haute et droite, et d'un juste corsage,
Semble un pin qui s'éleve au milieu d'un bocage ;
Sa bouche est de coral, où l'on voit au dedans,
Entre un plaisant soûris, les perles de ses dents,
Qui respirent un air embaumé d'une haleine
Plus douce que l'œillet, ny que la marjolaine.
D'un brun mêlé de sang son visage se peint.
Il a le jour aux yeux, et la nuit en son teint,
Où l'Amour, flamboyant entre mille estincelles,
Semble un amas brillant des étoiles plus belles,
Quand une nuit sereine avec ses bruns flambeaux,
Rend le soleil jaloux, en ses jours les plus beaux.
Son poil noir et retors, en gros flocons ondoye,
Et, crêpelu, ressemble une toison de soye.
C'est, enfin, comme l'autre, une miracle des cieux.
Mon ame, pour les voir, vient toute dans mes yeux ;
Et ravie en l'objet de leurs beautez extresmes,
Se retrouve dans eux, et se perd en soi-mesmes.
Las, ainsi je ne sçay que dire, ou que penser.
De les aimer tous deux, n'est-ce les offencer ?
Laisser l'un, prendre l'autre, ô Dieux ! est-il possible ?
Ce seroit, les aimant, un crime irrémissible.
Ils sont tous deux égaux de merite, et de foy.
Las ! je n'ayme rien qu'eux, ils n'ayment rien que moy.
Tous deux pour me sauver hazarderent leur vie,
Ils ont mesme dessein, mesme amour, mesme envie.
De quelles passions me senté-je émouvoir ?
L'amour, l'honneur, la foy, la pitié, le devoir,
De divers sentimens également me troublent ;
Et me pensant aider, mes angoisses redoublent.
Car si, pour essayer à mes maux quelque paix,

Par fois oubliant l'un, en l'autre je me plais ;
L'autre, tout en colere, à mes yeux se présente,
Et me montrant ses coups, sa chemise sanglante,
Son amour, sa douleur, sa foy, son amitié,
Mon cœur se fend d'amour, et s'ouvre à la pitié.
Las ! ainsi combatue en cette étrange guerre,
Il n'est grace pour moy au ciel ny sur la terre.
Contre ce double effort débile est ma vertu.
De deux vents opposez mon cœur est combatu,
Et reste ma pauvre ame entre deux étouffée,
Miserable dépoüille, et funeste trophée.

SONNET SUR LE TRESPAS DE M. PASSERAT.

PASSERAT, le séjour, et l'honneur des Charites,
Les délices de Pinde, et son cher ornement :
Qui, loing du monde ingrat, que bien-heureux tu quittes,
Comme un autre Apollon, reluis au firmament !

Afin que mon devoir s'honore en tes merites,
Et mon nom par le tien vive éternellement ;
Que dans l'éternité ces paroles écrites
Servent à nos neveux comme d'un testament.

Passerat fut un Dieu sous humaine semblance,
Qui vid naistre et mourir les muses en la France,
Qui de ses doux accords leurs chansons anima.

Dans le champ de ses vers fut leur gloire semée :
Et, comme un mesme sort leur fortune enferma,
Ils ont à vie égalle, égalle renommée.

SONNET SUR LA MORT DE M. RAPIN.

PASSANT, cy gist Rapin, la gloire de son âge,
Superbe honneur de Pinde, et de ses beaux secrets :
Qui vivant surpassa les Latins et les Grecs,
Soit en profond sçavoir, ou douceur de langage.

Eternisant son nom avecq' maint haut ouvrage,
Au futur il laissa mille poignants regrets
De ne pouvoir attaindre, ou de loin, ou de près,
Au but où le porta l'étude et le courage.

On dit, et je le croy, qu'Apollon fut jaloux,
Le voyant comme un Dieu réveré parmi nous ;
Et qu'il mist de rancœur si-tost fin à sa vie.

Considere, passant, quel il fust icy-bas :
Puisque sur sa vertu les dieux eurent envie,
Et que tous les humains y pleurent son trespas.

EPITAPHE DE REGNIER,

FAITE PAR LUI-MESME.

J'AY vescu sans nul pensement,
Me laissant aller doucement
A la bonne loy naturelle ;
Et je m'estonne fort pourquoy
La mort osa songer à moy,
Qui ne songeay jamais en elle.

STANCES.

QUAND sur moi je jette les yeux,
A trente ans me voyant tout vieux,

Mon cœur de frayeur diminuë :
Estant vieilli dans un moment,
Je ne puis dire seulement,
Que ma jeunesse est devenuë.

Du berceau courant au cercuëil,
Le jour se dérobe à mon œil,
Mes sens troublez s'évanoüissent.
Les hommes sont comme des fleurs,
Qui naissent et vivent en pleurs,
Et d'heure en heure se fanissent.

Leur age à l'instant écoulé,
Comme un trait qui s'est envolé,
Ne laisse après soy nulle marque ;
Et leur nom si fameux ici,
Si-tost qu'ils sont morts, meurt aussi,
Du pauvre, autant que du monarque.

N'agueres, verd, sain, et puissant,
Comme un Aubespin florissant,
Mon printemps estoit délectable.
Les plaisirs logeoient en mon sein ;
Et lors estoit tout mon dessein
Du jeu d'amour, et de la table.

Mais, las ! mon sort est bien tourné ;
Mon age en un rien s'est borné,
Foible languit mon espérance :
En une nuit, à mon malheur,
De la joye et de la douleur
J'ay bien appris la difference !

La douleur aux traits venéneux,
Comme d'un habit épineux

Me ceint d'une horrible torture.
Mes beaux jours sont changés en nuits ;
Et mon cœur tout flétri d'ennuis,
N'attend plus que la sépulture.

Enyvré de cent maux divers,
Je chancelle, et vay de travers,
Tant mon ame en regorge pleine :
J'en ay l'esprit tout hébété,
Et si peu qui m'en est resté,
Encor me fait-il de la peine.

La mémoire du temps passé,
Que j'ay folement dépencé,
Espand du fiel en mes ulceres :
Si peu que j'ay de jugement,
Semble animer mon sentiment,
Me rendant plus vif aux miseres.

Ha ! pitoyable souvenir!
Enfin, que dois-je devenir !
Où se réduira ma constance !
Estant ja défailly de cœur,
Qui me donra de la vigueur,
Pour durer en la pénitence?

Qu'est-ce de moy ? foible est ma main,
Mon courage, hélas! est humain,
Je ne suis de fer ny de pierre.
En mes maux montre-toy plus doux,
Seigneur, aux traits de ton couroux,
Je suis plus fragile que verre.

Je ne suis à tes yeux, sinon
Qu'un festu sans force, et sans nom,

Qu'un hibou qui n'ose paroistre ;
Qu'un fantosme icy bas errant,
Qu'une orde escume de torrent,
Qui semble fondre avant que naistre.

Ou toy, tu peux faire trembler
L'univers, et desassembler
Du firmament le riche ouvrage ;
Tarir les flots audacieux,
Ou, les élevant jusqu'aux cieux,
Faire de la terre un naufrage.

Le soleil fléchit devant toy,
De toy les astres prennent loy,
Tout fait joug dessous ta parole :
Et cependant tu vas dardant
Dessus moy ton courroux ardent,
Qui ne suis qu'un bourrier qui vole.

Mais quoy ! si je suis imparfait,
Pour me défaire m'as-tu fait ?
Ne sois aux pécheurs si sévere.
Je suis homme, et toi Dieu clément :
Sois donc plus doux au châtiment,
Et punis les tiens comme pere.

J'ay l'œil scellé d'un sceau de fer ;
Et déja les portes d'enfer
Semblent s'entr'ouvrir pour me prendre :
Mais encore, par ta bonté,
Si tu m'as osté la santé,
O Seigneur ! tu me la peux rendre.

Le tronc de branches dévêtu,
Par une secrette vertu

Se rendant fertile en sa perte,
De rejettons espere un jour
Ombrager les lieux d'alentour,
Reprenant sa perruque verte.

Où, l'homme, en la fosse couché,
Après que la mort l'a touché,
Le cœur est mort comme l'écorce :
Encor l'eau reverdit le bois ;
Mais l'homme estant mort une fois,
Les pleurs pour luy n'ont plus de force.

SUR LA NATIVITÉ DE NOTRE SEIGNEUR

HYMNE.

*Par le commandement du roy Louis XIII, pour sa mu-
sique de la messe de minuit.*

Pour le salut de l'univers,
Aujourd'huy les cieux sont ouverts ;
Et par une conduite immense,
La grace descend dessus nous.
Dieu change en pitié son courroux,
Et sa justice en sa clémence.

Le vray Fils de Dieu tout-puissant,
Au fils de l'homme s'unissant,
En une charité profonde,
Encor qu'il ne soit qu'un enfant,
Victorieux et triomphant,
De fers affranchit tout le monde.

Dessous sa divine vertu,
Le péché languit abbatu ;

Et de ses mains à vaincre expertes,
Etouffant le serpent trompeur,
Il nous assure en nostre peur,
Et nous donne gain de nos pertes.

Ses oracles sont accomplis ;
Et ce que, par tant de replis
D'âge, promirent les prophètes,
Aujourd'huy se finit en luy,
Qui vient consoler nostre ennuy,
En ses promesses si parfaites.

Grand roy, qui daignas en naissant
Sauver le monde perissant,
Comme pere, et non comme juge :
De graces comblant nostre roy,
Fay qu'il soit des meschans l'effroy,
Et des bons l'assuré refuge.

Qu'ainsi qu'en esté le soleil,
Il dissipe, aux rays de son œil,
Toute vapeur et tout nuage ;
Et qu'au feu de ses actions,
Se dissipant les factions,
Il n'ayt rien qui luy fasse ombrage.

SONNET I.

O Dieu, si mes péchez irritent ta fureur,
Contrit, morne et dolent, j'espere en ta clémence.
Si mon deüil ne suffit à purger mon offence,
Que ta grace y supplée, et serve à mon erreur.

Mes esprits éperdus frissonnent de terreur,
Et ne voyant salut que par la pénitence,

Mon cœur, comme mes yeux, s'oûvre à la repentance,
Et me hay tellement, que je m'en fais horreur.

Je pleure le présent, le passé je regrette,
Je crains à l'avenir la faute que j'ay faite :
Dans mes rebellions je lis ton jugement.

Seigneur, dont la bonté nos injures surpasse,
Comme de pere à fils uses-en doucement.
Si j'avois moins failli, moindre seroit ta grace.

SONNET II.

Quand dévot vers le ciel j'ose lever les yeux,
Mon cœur ravy s'émeut, et confus s'émerveille.
Comment, dis-je à part moy, cette œuvre nompareille
Est-elle perceptible à l'esprit curieux ?

Cet astre, ame du monde, œil unique des cieux,
Qui travaille en repos, et jamais ne sommeille,
Pere immense du jour, dont la clarté vermeille
Produit, nourrit, récrée, et maintient ces bas lieux.

Comment t'éblouis-tu d'une flamme mortelle,
Qui du soleil vivant n'est pas une estincelle,
Et qui n'est devant luy sinon qu'obscurité ?

Mais si de voir plus outre aux mortels est loisible,
Croy bien, tu comprendras mesme l'infinité,
Et les yeux de la foy te la rendront visible.

SONNET III.

Cependant qu'en la croix, plein d'amour infinie,
Dieu pour nostre salut tant de maux supporta,
Que par son juste sang nostre ame il racheta,
Des prisons où la mort la tenoit asservie :

Alteré du desir de nous rendre la vie,
J'ay soif, dit-il aux Juifs. Quelqu'un lors aporta
Du vinaigre et du fiel, et le luy présenta ;
Ce que voyant sa mere en la sorte s'écrie :

Quoy, n'est-ce pas assez de donner le trépas
A celuy qui nourrit les hommes icy bas,
Sans frauder son desir d'un si piteux breuvage?

Venez, tirez mon sang de ces rouges canaux,
Ou bien prenez ces pleurs qui noyent mon visage :
Vous serez moins cruels, et j'auray moins de maux.

COMMENCEMENT D'UN POEME SACRÉ.

J'ay le cœur tout ravy d'une fureur nouvelle,
Or' qu'en un saint ouvrage un saint démon m'appelle,
Qui me donne l'audace et me fait essayer,
Un sujet qui n'a peû ma jeunesse effrayer.
Toy, dont la Providence en merveilles profonde,
Planta dessus un rien les fondemens du monde ;
Et baillant à chaque estre et corps et mouvemens ;
Sans matiere donnas la forme aux élemens :
Donne forme à ma verve, inspire mon courage ;
A ta gloire, ô Seigneur, j'entreprens cet ouvrage.
Avant que le soleil eust enfanté les ans,
Que tout n'estoit qu'un rien, et que mesme le temps,
Confus, n'étoit distinct en trois diverses faces ;
Que les cieux ne tournoyent un chacun en leurs places,
Mais seulement sans temps, sans mesure, et sans lieu ;
Que seul parfait en soy regnoit l'esprit de Dieu,
Et que dans ce grand vuide, en majesté superbe,
Estoit l'estre de l'estre en la vertu du Verbe ;
Dieu, qui forma dans soy de tout temps l'univers,
Parla ; quand à sa voix un mélange divers....

16.

ÉPIGRAMMES.

I.

SUR LE PORTRAIT D'UN POÈTE COURONNÉ.

Graveur, vous deviez avoir soin
De mettre dessus ceste teste,
Voyant qu'elle estoit d'une beste,
Le lien d'un botteau de foin.

RÉPONSE.

Ceux qui m'ont de foin couronné,
M'ont fait plus d'honneur que d'injure :
Sur du foin Jesus-Christ fut né ;
Mais ils ignorent l'Écriture.

REPLIQUE.

Tu as, certes, mauvaise grace.
Le foin, dont tu fais si grand cas,
Pour Dieu n'estoit en cette place,
Car Jesus-Christ n'en mangeoit pas ;
Mais bien pour servir de repas
Au premier asne de ta race.

II.

Vialart, plein d'hypocrisie,
Par sentences et contredits,
S'estoit mis dans la fantaisie
D'avoir mon bien et paradis.
Dieu me gard' de chicanerie.
Pour cela, je le sçay fort bien,

Qu'il n'aura ma chanoinerie :
Pour paradis, je n'eu sçay rien.

III.

Si des maux, qui vous font la guerre,
Vous voulez guerir désormais,
Il faut aller en Angleterre,
Où les loups ne viennent jamais.

IV.

Je n'ay pû rien voir qui me plaise
Dedans les psalmes de Marot :
Mais j'aime bien ceux-là de Beze,
En les chantant sans dire mot.

V.

Je croy que vous avez fait vœu
D'aimer et parent et parente :
Mais, puis que vous aimez la tante,
Epargnez au moins le neveu.

VI.

Cette femme à couleur de bois,
En tout temps peut faire potage :
Car dans sa manche elle a des pois,
Et du beurre sur son visage.

POESIES LIBRES.

ODE SUR UNE VIEILLE MAQUERELLE.

Esprit errant, ame idolastre,
Corps verolé, couvert d'emplastre,
Aveuglé d'un lascif bandeau ;
Grande nymphe à la harlequine,
Qui s'est brisé toute l'eschine
Dessus le pavé du bordeau ;

Dy-moy pourquoy, vieille maudite,
Des rufiens la calamite,
As-tu si-tost quitté l'enfer ?
Vieille, à nos maux si préparée,
Tu nous ravis l'âge dorée,
Nous ramenant celle de fer.

Retourne donc, ame sorciere,
Des enfers estre la portiere ;
Pars et t'en-va, sans nul delay,
Suivre ta noire destinée,
Te sauvant par la cheminée,
Sur ton espaule un vieux balay.

Je veux que par-tout on t'appelle
Louve, chienne, et ourse cruelle,
Tant deçà que delà les monts ;
Je veux de plus qu'on y ajoute :
Voilà le grand diable qui joute
Contre l'enfer et les demons.

Je veux qu'on crie emmy la rue :
Peuple, gardez-vous de la grue
Qui destruit tous les esguillons.
Demandant si c'est aventure,
Ou bien un effect de nature,
Que d'accoucher des ardillons.

De cent clous elle fut formée;
Et puis, pour en estre animée,
On la frotta de vif-argent :
Le fer fut premiere matiere;
Mais meilleure en fut la derniere,
Qui fist son cul si diligent.

Depuis honorant son lignage,
Elle fit voir un beau ménage
D'ordure et d'impudicitez;
Et puis, par l'excez de ses flames,
Elle a produit filles et femmes
Au champ de ses lubricitez.

De moy tu n'auras paix ny tresve
Que je ne t'aye veue en Gresve
La peau passée en maroquin,
Les os brisez, la chair meurtrie,
Preste à porter à la voirie,
Et mise au fond d'un manequin.

Tu mérites bien davantage,
Serpent dont le maudit langage
Nous perd un autre paradis :
Car tu changes le diable en ange,
Nostre vie en la mort tu change,
Croyant cela que tu nous dis.

Ha Dieu ! que je te verray souple,
Lors que le bourreau couple à couple
Ensemble pendra tes putains !
Car alors tu diras au monde
Que malheureux est qui se fonde
Dessus l'espoir de ses desseins.

Vieille sans dent, grand' hallebarde,
Vieux baril à mettre moutarde,
Grand morion, vieux pot cassé,
Plaque de lict, corne à lanterne,
Manche de lut, corps de guiterne,
Que n'es-tu desjà *in pace* !

Vous tous qui, malins de nature,
En desirez voir la peinture,
Allez-vous-en chez le bourreau ;
Car s'il n'est touché d'inconstance,
Il la fait voir à la potence,
Ou dans la salle du bordeau.

STANCES SUR LA CH.... P....

MA foy, je fus bien de la feste,
Quand je fis chez vous ce repas ;
Je trouvay la poudre à la teste,
Mais le poivre estoit vers le bas.

Vous me montrez un dieu propice,
Portant avecq' l'arc un brandon.
Appellez-vous la ch.... p.....
Une flesche de Cupidon ?

Mon cas, qui se leve et se hausse,
Bave d'une estrange façon ;

Belle, vous fournistes la sausse,
Lors que je fournis le poisson.

Las! si ce membre eut l'arrogance
De fouiller trop les lieux sacrez,
Qu'on luy pardonne son offense,
Car il pleure assez ses péchez.

ODE SUR LA CH.... P....

INFASME bastard de Cythere,
Fils ingrat d'une ingrate mère,
Avorton, traistre et desguisé,
Si je t'ay servy dès l'enfance,
De quelle ingrate recompense
As-tu mon service abusé!

Mon cas, fier de mainte conqueste,
En Espagnol portoit la teste,
Triomphant, superbe et vainqueur,
Que nul effort n'eust sceu rabattre :
Maintenant lasche, et sans combattre,
Fait la cane et n'a plus de cœur.

De tes autels une prestresse
L'a reduit en telle destresse,
Le voyant au choc obstiné,
Qu'entouré d'onguent et de linge,
Il m'est advis de vóir un singe
Comme un enfant embeguiné.

De façon robuste et raillarde
Pend l'oreille et n'est plus gaillarde ;
Son teint vermeil n'a point d'esclat ;
De pleurs il se noye la face,

Et fait aussi laide grimace
Qu'un boudin crevé dans un plat.

Aussi penaut qu'un chat qu'on chastre
Il demeure dans son emplastre,
Comme en sa cocque un limaçon.
En vain d'arrasser il essaye ;
Encordé comme une lampraye,
Il obéit au caveçon.

Une salive mordicante
De sa narine distillante
L'ulcere si fort par dedans,
Que crachant l'humeur qui le picque,
Il bave comme un pulmonique
Qui tient la mort entre ses dents.

Ha ! que cette humeur languissante
Du temps jadis est differente,
Quand brave, courageux et chaud,
Tout passoit au fil de sa rage,
N'estant si jeune pucelage
Qu'il n'enfilast de prime assaut !

Apollon, dès mon asge tendre,
Poussé du courage d'apprendre
Auprès du ruisseau parnassin,
Si je t'invoquay pour poëte,
Ores, en ma douleur secrette,
Je t'invoque pour médecin.

Severe roy des destinées,
Mesureur des vites années,
Cœur du monde, œil du firmament ;
Toy qui présides à la vie,

Guery mon cas, je te supplie,
Et le conduis à sauvement.

Pour recompense, dans ton temple
Servant de memorable exemple
Aux jousteurs qui viendront après,
J'appendray la mesme figure
De mon cas malade en peinture,
Ombragé d'ache et de cyprès.

DISCOURS D'UNE VIEILLE MAQUERELL.

PHILON, en t'ayant irrité,
Je m'en suis allé despité,
Voire aussi remply de colere
Qu'un voleur qu'on mene en galere,
Dans un lieu de mauvais renom,
Où jamais femme n'a dit non :
Et là je ne vis que l'hostesse ;
Ce qui redoubla ma tristesse,
Mon amy, car j'avois pour lors
Beaucoup de graine dans le corps.
Ceste vielle, branlant la teste,
Me dit : Excusez ; c'est la feste
Qui fait que l'on ne trouve rien ;
Car tout le monde est gens de bien :
Et si j'ay promis en mon ame
Qu'à ce jour, pour n'entrer en blasme,
Ce péché ne seroit commis ;
Mais vous estes de nos amis,
Parmanenda je le vous jure :
Il faut, pour ne vous faire injure,
Après mesme avoir eu le soin
De venir chez nous de si loin,
Que ma chambriere j'envoye

17

Jusques à l'Escu de Savoye :
Là, mon amy, tout d'un plein saut,
On trouvera ce qu'il vous faut.
Que j'ayme les hommes de plume !
Quand je les vois mon cœur s'allume.
Autrefois je parlois latin.
Discourons un peu du destin :
Peut-il forcer les prophéties?
Les pourceaux ont-ils deux vessies ?
Dites-nous quel auteur escrit
La naissance de l'Antechrist.
O le grand homme que Virgile !
Il me souvient de l'évangile
Que le prestre a dit aujourd'huy.
Mais vous prenez beaucoup d'ennuy.
Ma servante est un peu tardive ;
Si faut-il vrayment qu'elle arrive
Dans un bon quart d'heure d'icy :
Elle me sert tousjours ainsi.
En attendant prenez un siége.
Vos escarpins n'ont point de liége !
Vostre collet fait un beau tour ?
A la guerre de Montcontour
On ne portoit point de rotonde.
Vous ne voulez pas qu'on vous tonde ?
Les choses longs sont de saison.
Je fus autrefois de maison,
Docte, bien parlante et habile,
Autant que fille de la ville :
Je me faisois bien decroter ;
Et nul ne m'entendoit peter
Que ce ne fust dedans ma chambre.
J'avois tousjours un collier d'ambre,
Des gands neufs, des souliers noircis :

J'eusse peu captiver Narcis.
Mais hélas! estant ainsi belle,
Je ne fus pas long-temps pucelle.
Un chevalier d'autorité
Acheta ma virginité;
Et depuis, avecq' une drogue,
Ma mere, qui faisoit la rogue
Quand on me parloit de cela,
En trois jours me renpucela.
J'estois faite à son badinage.
Après, pour servir au ménage,
Un prélat me voulut avoir :
Son argent me mit en devoir
De le servir et de luy plaire :
Toute peine requiert salaire.
Puis après voyant en effet
Mon pucelage tout refait,
Ma mere, en son mestier sçavante,
Me mit une autre fois en vente;
Si bien qu'un jeune tresorier
Fut le troisieme aventurier
Qui fit bouillir nostre marmite.
J'appris autrefois d'un hermite
Tenu pour un sçavant parleur,
Qu'on peut desrober un voleur
Sans se charger la conscience.
Dieu m'a donné ceste science.
Cet homme, aussi riche que laid,
Me fit espouser son valet,
Un bon sot qui se nommoit Blaise.
Je ne fus oncq' tant à mon aise,
Qu'à l'heure que ce gros manant
Alloit les restes butinant,
Non pas seulement de son maistre,

Mais du chevalier et du prestre,
De ce costé j'eus mille francs ;
Et j'avois jà, depuis deux ans,
Avecq' ma petite pratique,
Gagné de quoy lever boutique
De cabaret à Montléry,
Où nasquit mon pauvre mary.
Hélas ! que c'estoit un bon homme !
Il avoit esté jusqu'à Rome ;
Il chantoit comme un rossignol ;
Il sçavoit parler espagnol.
Il ne recevoit point d'escornes ;
Car il ne portoit pas les cornes
Depuis qu'avecques luy je fus.
Il avoit les membres touffus :
Le poil est un signe de force,
Et ce signe a beaucoup d'amorce
Parmy les femmes du mestier.
Il estoit bon arbalestier :
Sa cuisse estoit de belle marge ;
Il avoit l'espaule bien large ;
Il estoit ferme de roignons,
Non comme ces petits mignons
Qui font de la saincte Nitouche ;
Aussi-tost que leur doigt vous touche,
Ils n'osent pousser qu'à demy :
Celuy-là poussoit en amy,
Et n'avoit ny muscle ny veine
Qui ne poussast sans prendre haleine ;
Mais tant et tant il a poussé,
Qu'en poussant il est trespassé.
Soudain que son corps fut en terre,
L'enfant Amour me fit la guerre ;
De façon que, pour mon amant,

Je pris un basteleur Normant,
Lequel me donna la verole;
Puis luy prestay, sur sa parole,
Avant que je cognusse rien
A son mal, presque tout mon bien.
Maintenant nul de moy n'a cure :
Je fleschis aux loix de nature;
Je suis aussi seche qu'un os;
Je ferois peur aux huguenots
En me voyant ainsi ridée,
Sans dents, et la gorge bridée,
S'ils ne mettoient nos visions
Au rang de leurs dérisions.
Je suis vendeuse de chandelles :
Il ne s'en voit point de fidelles
En leur estat, comme je suis;
Je cognois bien ce que je puis.
Je ne puis aymer la jeunesse
Qui veut avoir trop de finesse;
Car les plus fines de la cour
Ne me cachent point leur amour.
Telle va souvent à l'église,
De qui je cognois la feintise;
Telle qui veut son fait nier
Dit que c'est pour communier;
Mais la chose m'est indiquée :
C'est pour estre communiquée
A ses amys par mon moyen,
Comme Héleine fit au Troyen.
Quand la vieille, sans nulle honte,
M'eut achevé son petit conte,
Un commissaire illec passa,
Un sergent la porte poussa.
Sans attendre la chambriere,

17.

198

Je sortis par l'huis de derriere,
Et m'en allay chez le voisin,
Moitié figue, moitié raisin,
N'ayant ny tristesse ny joye
De n'avoir point trouvé la proye.

ÉPIGRAMMES.

LE DIEU D'AMOUR.

Le dieu d'amour se pourroit peindre
Tout aussi grand qu'un autre dieu,
N'estoit qu'il luy suffit d'atteindre
Jusqu'à la piece du milieu.

FLUXION D'AMOUR.

L'amour est une affection
Qui, par les yeux, dans le cœur entre,
Et, par forme de fluxion,
S'escoule par le bas du ventre.

MAGDELON VRAYMENT MAGDELON.

Magdelon n'est point difficile
Comme un tas de mignardes sont :
Bourgeois, et gens sans domicile,
Sans beaucoup marchander luy font :
Un chacun qui veut la recoustre.
Pour raison elle dit un point :
Qu'il faut estre putain tout outre,
Ou bien du tout ne l'estre point.

LA LANGUE QUI FOURCHE.

Hier la langue me fourcha,
Devisant avecq' Antoinette;
Je dis f......; et ceste finette
Me fit la mine, et se fascha.
Je deschus de tout mon credit,
Et vis, à sa couleur vermeille,
Qu'elle aymoit ce que j'avois dit,
Mais en autre part qu'en l'oreille.

LES CONTRE-TEMPS.

Lors que j'estois comme inutile
Au plus doux passe-temps d'amour,
J'avois un mary si habile
Qu'il me caressoit nuict et jour.

Ores celuy qui me commande
Comme un tronc gist dedans le lict,
Et maintenant que je suis grande,
Il se repose jour et nuict.

L'un fut trop vaillant en courage,
Et l'autre est trop alangoury.
Amour, rens-moy mon premier asge,
Ou me rens mon premier mary.

LIBERTÉ DANS LE CHEMIN DU ROY.

Dans un chemin un pays traversant
Perrot tenoit sa Jeannette accollée :
Sur ce de loing advisant un passant,
Il fut d'avis de quitter la meslée.

Pourquoy fais-tu, dit la garce affollée,
Tresve du cul ? Ha ! dit-il, laisse-moy ;
Je vois quelqu'un : c'est le chemin du roy.
Ma foy, Perrot, peu de cas te desbauche ;
Il n'est pas fait plustost, comme je croy,
Pour un piéton, que pour un qui chevauche.

LISETTE TUÉE PAR ROBIN.

LISETTE, à qui l'on faisoit tort,
Vint à Robin tout esplorée,
Et luy dit : donne-moy la mort,
Que tant de fois j'ay desirée.
Luy, qui ne la refuse en rien,
Tire son... vous m'entendez bien ;
Puis au bas du ventre la frappe.
Elle, qui veut finir ses jours,
Luy dit : Mon cœur, pousse toujours,
Je crainte que je n'en reschappe.
Mais Robin, las de la servir,
Craignant une nouvelle plainte,
Luy dit : Haste-toy de mourir,
Car mon poignard n'a plus de pointe.

FIN.

TABLE DES MATIÈRES.

www.ingramcontent.com/pod-product-compliance
Lightning Source LLC
Chambersburg PA
CBHW071947110426
42744CB00030B/620